MANA

Impressum

In der Abenteuer REISEN-Reihe bisher erschienen:
Band 1: „Geliebtes Australien" von Barbara Barkhausen (978-3-95503-012-4)
Band 2: „Gefährliches Australien" von Daniel Kramer (978-3-95503-032-2)
Band 4: „Geliebtes Griechenland" von Kurt Schreiner (978-3-95503-054-4)

Bildnachweis:
Alle Bilder von Marc Lautenbacher
Autorenbild von Marie Simard

Bibliografische Information der Deutschen Bibliothek
Die Deutsche Bibliothek verzeichnet diese Publikation in der deutschen
Nationalbibliografie. Detaillierte bibliografische Daten sind im Internet
unter http://dnb.ddb.de abrufbar.

Umschlagentwurf und Layout
MANA-Verlag

Redaktion und Satz
MANA-Verlag

Druck
Standartu, Vilnius

ISBN
978-3-95503-051-3

MARC LAUTENBACHER

GELIEBTES KANADA

EINE KRITISCH-HUMORVOLLE

LIEBESERKLÄRUNG

AN DAS LAND DER TRÄUME

Dieses Buch habe ich meiner Tochter Selina und
meinem Sohn Julian gewidmet, allen voran jedoch
meiner geliebten kanadischen Lebenspartnerin Marie!

Inhalt

Vorwort

Québec – mein neues Zuhause in Franko-Kanada!

Das erste Mal, als ich Québec (sprich: kehbäck) im Jahr 2002 besuchte, reiste ich zusammen mit meiner Freundin Marie, einer gebürtigen Franko-Kanadierin in eine Stadt, die mich sofort an Deutschland erinnerte. Besonders die berühmte Altstadt von Québec ist wirklich ganz wie zu Hause, etwa so wie Bremen, Rothenburg ob der Tauber oder auch wie Nürnberg.

Nach einigen weiteren Besuchen habe ich dann die ausgesprochen angenehmen Seiten Kanadas kennen und lieben gelernt – die unberührte Natur mit den nahezu unendlichen Wäldern, Begegnungen mit besonders freundlichen Menschen, die lockeren und sehr respektvollen Umgangsformen der Leute, den fantastisch heißen Sommer, den schneereichen Winter mit garantiert weißen Weihnachten und die ausgesprochen leckere Küche. Die Menschen und die Kultur Kanadas sind einfach etwas ganz Besonderes, eine Mischung aus indianischer, französischer und amerikanischer Lebensweise. Dazu vereint die Québécois ihr Stolz auf die gemeinsame Sprache Französisch, wodurch sie, ählich wie die Bayern in Deutschland, eine Art eigenes Nationalgefühl entwickelt haben.

All das hat mich letztendlich dazu bewogen, 2007 mit Marie endgültig nach Kanada auszuwandern und hier zu leben. Seit dem 13.03.2013 – welch' schönes Datum – bin ich darüber hinaus kanadischer Staatsbürger. Dieses Buch soll nun all denjenigen einen intimeren Einblick – ganz aus meiner persönlichen Perspektive gesehen – in das Leben in Kanada mit all seinen Facetten geben, die entweder mit einer Auswanderung liebäugeln oder die gerne einmal dieses fantastische Land besuchen wollen. Es lohnt sich allemal!

Marc Lautenbacher (Québec/Kanada)

Kapitel I – zur Geschichte

Bedeutungen von Orts- und Städtenamen in Kanada

Die meisten Namen der kanadischen Städte, Dörfer, Flüsse und einiger Regionen sind indianischen Ursprunges – mit oft ganz erstaunlichen Bedeutungen, die kanadische Historie widerspiegeln.

Schon als Kind galt mein ganz besonderes Interesse all dem, was auch nur im Entferntesten mit den Indianern Nordamerikas zu tun hatte. Ich erinnere mich noch sehr genau, dass ich zu Weihnachten ein großes, mit vielen Bildern und Illustrationen versehenes Buch geschenkt bekam. Endlich hatte sich mein sehnlichster Wunsch erfüllt und obwohl ich noch nicht lesen konnte, verschlang ich dieses Buch Seite für Seite. Bald war ich ein Experte, was seinen Ausdruck darin fand, dass mein Kostüm zu Fasching, welches meine liebe Mutter unter meiner Anleitung fertigte, das authentischste unseres Viertels war. Selbstredend verkleidete ich mich jedes Jahr als Indianer.

Als ich später nach absolviertem Kommunikationsdesignstudium in die USA reiste, besuchte ich den Stamm der Navajo in Utah, nahe dem berühmten Monument Valley, um vor Ort die heutige Lebenssituation „meiner" Indianer eingehend zu erforschen. Auch meine erste Reise im Jahre 1999 nach Québec galt – neben familiären Umständen – natürlich diesem Interesse. All die Begegnungen hatten mich anfangs aber doch ein wenig desillusioniert, denn nichts, aber auch gar nichts, war so, wie in meiner Vorstellung, meinen Büchern oder gar den vielen Filmen, die ich mittlerweile gesehen hatte. Denn die Indianervölker Nordamerikas und Kanadas sind heute im Wesentlichen assimiliert, wohnen in den gleichen Häusern wie die „Weißen", fahren Autos, kleiden sich wie du und ich und sprechen außer ihrer eigenen Sprache auch Französisch oder Englisch.

In ganz Kanada gibt es derzeit über eine Million Ureinwohner mit rund 600 sogenannten indigenen oder autochthonen Volksgruppen. Es sind Inuit, Metis und First Nations, die ganz zu Recht so bezeichnet werden, waren sie doch immerhin schon rund 12.000 Jahre vor den europäischen Siedlern da. Sie sprechen noch heute mehr als 70 verschiedene Sprachen, welche 12 linguistischen Familien angehören und in eine Vielzahl von Dialekten untergliedert sind. Zur Zeit der Kolonialisierung Kanadas gab es sehr oft Begegnungen mit den Ureinwohnern, vor allem im Rahmen des Handels. Das riesige Land wurde damals insbesondere wegen seiner unermesslichen Pelztierbestände erschlossen. Man benötigte Pelze für die Hutmode in Europa, denn dort waren bereits alle Pelztiere ausgerottet worden und man suchte nach neuen Jagdgründen. Da kam „Neu-Frankreich" wie gerufen, welches von Jacques Cartier im Auftrag des französischen Königshauses 1534 entdeckt und für die Krone vereinnahmt worden war. Diese, anders als in den Vereinigten Staaten, vor allem freundschaftlichen Kontakte mit den Indianern Kanadas fanden hauptsächlich in der Nähe von Handelszentren statt, welche vormals Indianersiedlungen waren und wo sich im Laufe der Zeit auch die Einwanderer aus Europa niederließen.

Deshalb sind viele Namen dieser ehemaligen Handelsplätze indianischen Ursprungs, wurden jedoch im Laufe der Jahre für die französische und englische Sprache mundgerecht abgewandelt. Ich habe nun die wichtigsten und mir bekanntesten Worte und Namen für den Leser einmal genauer unter die Lupe genommen:

Kanada: In der Sprache der Irokesen und der Huronen wird es „kana-tah" ausgesprochen und bedeutet „bewohntes Dorf". In der Sprache der Cree-Indianer „ko-nata" heißt es eine „nicht besonders intelligente Person". Nach Reverent Pater Pacifique bedeutete derselbe Begriff bei den Micmac-Indianern jedoch: „unklug, mit Kanonen auf uns zu zielen". Dies sollen sie, beeindruckt von dem Anblick eines schwer bewaffneten Schiffes, bei ihrer ersten Begegnung mit Jacques Cartier im Jahre 1534 gesagt haben.

Chicoutimi: Seit kurzem eingemeindeter Stadtteil von Saguenay, Hauptstadt der gleichnamigen Region nördlich der Stadt Québec. In der Algonkin-Sprache „atikamek", ausgesprochen „tschekotimiwo", bedeutet es „verschlingend tief" oder „abgrundtief", weil dort der gleichnamige Fluss Saguenay bis zu 200 Meter tief ist.

Dakota: In der Sprache der Sioux-Indianer bedeutet es „menschliches Wesen“. Es ist eine kleine First-Nations-Gemeide im Süd-Westen von Manitoba. Außerdem ist es der Name zweier US-Bundesstaaten.

Les Escoumins: Name eines kleinen Städtchens am Nordufer des Sankt-Lorenz-Stromes sowie eines Flusses, bekannt durch die Fährschifffahrt und als Sitz des Stammes der Essipit. In der Sprache der Montagnais, eines Stammes der Algonkin, „ischkomins“ gesprochen, bedeutet es „Meeresbucht“ und ist der Name von Waldbeeren.

Gaspé: Name der regionalen Verwaltungshauptstadt im äußersten Norden der Gaspésie-Halbinsel in der Provinz Québec. In der Sprache der Micmac „gespeg“ oder „keschpi“ bezeichnet das Wort „das Ende unserer Gebiete“. Wird oft auch mit „das Ende der Welt“ übersetzt. Warum? Das habe ich gleich bei meinem ersten Besuch dort kapiert, denn hier beginnt der „große Teich“!

Huronen: Eigentlich Wendat oder Wyandot genannt, die wegen der struppigen Haartracht der Männer von den Franzosen Huronen (Altfranzösisch „la hure“ bedeutet Haarschopf bei Mensch und Tier) getauft wurden. Ihr ursprünglicher Name jedoch bedeutet „Inselbewohner“, da die Stammesgebiete vor ihrer Vertreibung rund um den heutigen, nach ihnen benannten Huronsee gelegen waren. Auch wurde diese Volksgruppe literarisch durch die Erzählungen von James Fenimore Cooper im Roman „Lederstrumpf“ weltbekannt.

Manitoba: Gesprochen „ma-ni-tou-bou“ in der Sprache der Cree-Indianer, die noch heute von rund 150.000 Indianern gesprochen wird. Es hat die Bedeutung „Meerenge des großen Geistes“. Name der Provinz sowie eines der großen Seen im Zentrum Kanadas.

Mississauga: Wirtschaftlich sehr wichtige Stadt bei Toronto und kanadischer Sitz vieler europäischer Konzerne sowie Verwaltungszentrum der Einwanderungsbehörde. In der Sprache der Anishinabe – zu deutsch „das erste Volk“ oder auch Ojibwa oder Chippewa genannt – bedeutet das Wort „große Schlange“ und ist ebenso Name eines Stammes. In der Cree-Sprache bedeutet es witzigerweise jedoch „Ort, wo es viele Bremsen (die, die stechen) gibt". Vermutlich wegen seiner Lage direkt am Ontario-See.

Mokassin: Bekannte Bezeichnung der Schuhe aller Indianer auf dem nordamerikanischen Kontinent, in den Algonkin-Sprachen „makissin" ausgesprochen und bedeutet übersetzt etwa „hält meine Füße gesund". Ist auch der Name eines Stammes im Norden von Ontario und der Provinz von Québec.

Montréal: Nach dem Berg direkt über dem damaligen Irokesen-Dorf „Hochelaga" – sprich „oschelagah" – benannt, der damals von den Franzosen Mont Royal genannt wurde. Dort überwinterte Jacques Cartier mit seiner Mannschaft unter Mithilfe der Ureinwohner, als er am 2. Oktober 1534 auf seiner ersten Entdeckungsreise dort ankam.

Niagara: Wort aus der Seneca-Sprache, die zur Sprachfamilie der Irokesen gehört und etwa „sehr bedeutende fallende Wasser" heißt. Ebenfalls Name eines sehr netten Städtchens am Ontario-See, vom Fluss, der die Grenze zwischen den USA und Kanada bildet sowie von den weltberühmten Wasserfällen selbst.

Okanagan: Indianerstamm, welcher zur Sprachfamilie der Salishane gehört und der im Okanagan Valley in British Columbia noch heute lebt. Es gibt derzeit rund 6.000 Stammesangehörige in rund sieben verschiedenen Gruppen. Auch Name eines Sees und des Flusses, der in den Columbia River mündet. Genaue Bedeutung ist nicht bekannt, wohl ein Eigenname.

Ontario: Abgeleitet aus dem Wort „kaniatareejoh" aus dem Irokesendialekt der Mohawk-Indianer. Bedeutet so viel wie „das ist ein schöner See". Name der bevölkerungsreichsten kanadischen Provinz und eines der großen Seen, der den Sankt Lorenz Strom speist.

Ottawa: Name der Hauptstadt und des Regierungssitzes von Kanada sowie des dortigen Flusses. Von „odo-dah-wahs", einem Wort aus der Algonkin-Sprachfamilie, abgeleitet. Hier bedeutet es etwa „Platz, um zu tauschen". Das gleiche Wort in der Sprache der Montagnais und der Atikameks heißt jedoch „sprudelndes Wasser", was auf die dortigen Wasserfälle zurückzuführen ist. Auch in der Cree-Sprache bedeutet es „die Wasser, die schäumen". Fälschlicherweise nahm man zuerst an, dass das Wort Ottawa mit dem gleichnamigen Stamm der Odawah-Indianer assoziiert werden könnte. Jedoch hat dieser Stamm – geschichtlich belegt – niemals seinen Wohnsitz auf der Insel Manitoulin im Huronen-See verlassen. In deren Sprache beschreibt das Wort nämlich „die mit hoch gestecktem Haar und Ohrgehänge".

Petawawa: Bekannt geworden als kanadische Militärbasis in Ontario sowie als die Stadt des „Duke of Renfrew". Kommt aus der Sprache der Cree-Indianer „petewewue" und bedeutet „man hört das Rauschen der (Wasser)fälle".

Pontiac: Bedeutet „kann den Feind aufhalten" in der Sprache der Ojibwa oder Chippewa. Hieß ursprünglich „obwondiag". Kleine Stadt ganz im Westen von Québec. Ist auch der Name des Häuptlings der Ottawa. Berühmtester Indianer in der Geschichte Nordamerikas sowie enger Verbündeter der Franzosen im Widerstand gegen die britische Vorherrschaft. Nach Pontiac wurde unter anderem eine Automarke benannt, ebenso eine Stadt in Illinois und Michigan in den USA.

Québec: Name der flächenmäßig zweitgrößten, kanadischen Provinz und auch deren Hauptstadt sowie nach Tadoussac mit 400 Jahren die zweitälteste Stadt Kanadas. In der Sprache der Micmac hat das Wort „guépeg" die Bedeutung „an der Verengung des Steilhanges" oder auch „dort, wo sich der Fluss verengt". Außerdem bedeutet das Wort „kabek" soviel wie „an Land gehen".

Rimouski: Aus der Algonkin-Sprache „animosh-kih" mit der Bedeutung „Land der Hunde". Wichtige Hafen- und Universitätsstadt am Süd-Ostufer des Sankt Lorenz Stromes. Im Micmac-Dialekt bedeutet es „Haus des Elchs".

Saguenay: Stammt von einem sehr alten Ausdruck, den die Algonkins und die Irokesen gleichermaßen verwenden, obwohl sie sich in Kultur und Sprache beträchtlich unterscheiden, um eine Traumreise in die Welt der Geister zu beschreiben. Das Wort lautet „sagah-nah" und stammt von dem Wikinger Wort „saga" für „erzählen, weitersagen". Benennt eine geografische Region, eine Stadt, einen Fjord und einen Fluss im Norden von Québec, Nähe des Lac Saint-Jean.

Saskatoon: In der Cree-Sprache und beschreibt das Wort eigentlich eine Frucht, die an eine kleine Birne erinnert, welche mit Kernen, so fein wie Sand, gefüllt ist. Name der größten Stadt in der Provinz Saskatchewan sowie eines Sees im Mauricie Nationalpark von Québec.

Saskatchewan: In der Cree-Sprache „kisiska-djiwan". Bedeutet „schnelle Strömung". Name eines Flusses und einer Provinz im Westen Kanadas, die etwa so groß ist wie Frankreich, die Benelux-Staaten und die Schweiz zusammen.

Tadoussac: Inzwischen sehr bekannt gewordenes Städtchen, um im Sommer Wale zu beobachten, welches an der Nordküste des Sankt Lorenz Stromes liegt. Aus dem Wort „totoshik" der Montagnais und dem Wort „taposimgeg" der Algonkins abgeleitet. Bedeutung: „Brüste der Frau" oder auch nur „Brustwarzen"!

Toronto: Ursprünglich „karonta" oder „tkaronto" gesprochen, es kommt aus der Sprache der Mohawk, einem Irokesen-Dialekt und hat die Bedeutung „Ort mit Bäumen am Wasser". Größte Stadt Kanadas und Hauptstadt der Provinz Ontario, direkt am Ontario-See gelegen. Wenn man den Bereich Greater Toronto Area einrechnet, kommt man heute auf eine Bevölkerungszahl von über 6,2 Millionen Einwohnern.

Wendake: Das Wort bedeutet sinngemäß „der Ort, an dem die Leute bleiben" in der Sprache der Wendat oder Wyandot, die von den Franzosen Huronen getauft wurden. Bezeichnet das prosperierende Indianerreservat der Wendat-Huronen in der Nähe der Stadt Québec, wo heute wieder rund 3.000 Menschen dieser Volksgruppe leben.

Winnipeg: Wort aus der Cree-Sprache mit der Bezeichnung für „trübes Wasser" oder „schlammiges Wasser". Hauptstadt der kanadischen Provinz Manitoba sowie Name für den dortigen See, der mit über 400 Kilometern Länge und 100 Kilometern Breite zu den 15 größten Seen der Welt zählt.

Yukon: Bedeutet „großer Fluss". Geht auf das Wort „yu-kun-ah" in der Sprache der Gwich'in, die zur athabaskischen Sprachfamilie gehört, zurück und bezeichnet den gleichnamigen Fluss mit 3.120 Kilometern Länge sowie ein Territorium im äußersten Nordwesten Kanadas mit einer Fläche von 482.443 km².

Zeitreise in die Vergangenheit Kanadas

Es gibt ein herrlich gelegenes, originalgetreu aufgebautes Museumsdorf zwischen Toronto und Montréal, das „Upper Canada Village". Ich konnte dort eine Zeitreise in die jüngere Vergangenheit Kanadas hautnah erleben, dem Schuhmacher und dem Käsemacher bei der Arbeit zuschauen und in der Schule die strengen Regeln von vor rund hundertfünfzig Jahren kennen lernen.

Wir fahren zurück von einem aufregenden und sehr entspannenden Ferienaufenthalt in Price-Edward-County mit fantastischen Sandstränden wie in der Karibik (siehe Kapitel IV). Der Highway 401, der Québec mit Montréal und Toronto verbindet, liegt auf dem sogenannten Québec-Windsor-Korridor, einer Metropolenregion, die rund 1.100 km lang und 100 km breit ist. Hier leben über 18 Millionen Einwohner, was mehr als der Hälfte der Bevölkerung Kanadas entspricht. Im Übrigen liegen hier sechs der zehn bedeutendsten urbanen Zentren des ganzen Landes. Der Name ist von den Städten Québec und Windsor abgeleitet, die an den jeweiligen Enden des Korridors liegen – einem Gebiet etwa so groß wie Bayern und Baden-Württemberg zusammen.

Kurz nach Brockville gibt es eine Abzweigung, die nach Ogdensburg in den USA und – ziemlich lustig für uns zu lesen – weiter nach

„Potsdam" führt. Denn die Grenze zu den Vereinigten Staaten liegt in der Mitte des mächtigen Sankt-Lorenz-Stromes, der uns bereits den ganzen Tag begleitet. Dann, bei Morrisburg: Das im hellbraunen Design für lokale Attraktionen gehaltene Hinweisschild leuchtet uns von weitem entgegen: „Upper Canada Village – 20 km". Marie und ich sind aufs Äußerste gespannt, denn viele der Gäste unseres B&B haben uns schon einiges darüber berichtet.

Wir verlassen die heute sehr belebte Autobahn Nr. 401, den Macdonald-Cartier Freeway, der zu Ehren der beiden Väter der kanadischen Konföderation, Sir John Macdonald und Sir George-Étienne Cartier getauft wurde. Man hat damit schon einmal das Gefühl, auf geschichtsträchtigem Boden zu wandeln. Als dann auf der Strecke zum Museumsdorf eine Gedenkstätte für eine entscheidende Schlacht im Verlauf des Britisch-Amerikanischen Krieges bei John Chrysler's Farm (hat im übrigen nichts zu tun mit der bekannten Automobilmarke) auftaucht, werden wir nochmals daran erinnert, warum diese Gegend in der kanadische Historie eine ausgesprochen wichtige Rolle spielt.

Ein Dreißigjähriger rettet Kanada

Diese denkwürdige Schlacht fand am 10. November 1813 zwischen britisch-kanadischen und amerikanischen Truppen statt. Obwohl die britisch-kanadische Seite mit nur knapp 800 Soldaten, Milizionären und Indianern dem Aufgebot der USA mit 2.500 Männern, plus 5.500 in Reserve, weit unterlegen war, endete die Auseinandersetzung mit einem Sieg der Briten. Unter dem Kommando des damals erst 30 Jahre alten Oberstleutnants Joseph Wanton Morrison konnten die hervorragend geführten und disziplinierten britischen Berufssoldaten alle drei Angriffe der Amerikaner abwehren und ihnen – nach einem nur einstündigen Gefecht – eine empfindliche Niederlage zufügen. Dies zwang sie zum hastigen Rückzug über den Sankt-Lorenz-Strom und zur vollständigen Aufgabe der US-amerikanischen Invasionspläne – Kanada war gerettet. Obwohl mit dem Frieden von Gent am 24. Dezember 1814 der „Status quo ante bellum" wiederhergestellt wurde, war der Britisch-Amerikanische Krieg für Kanada von enormer Wichtigkeit. Er stärkte sowohl in der britischstämmigen als auch in der französischstämmigen Bevölkerung durch den Kampf gegen einen gemeinsamen Feind das Gemeinschaftsgefühl und bildete somit eine entscheidende Grundlage für ein gerade erwachendes kanadisches Nationalbewusstsein.

Es ist ein herrlich sonniger Augusttag. Wir kommen endlich am Haupteingang des Upper Canada Villages an, das uns mit einer weiträumigen, modernen Eingangshalle empfängt. Direkt daneben schließt sich der Museumsshop in einem netten Häuschen mit Scheune im Stil der Jahrhundertwende an, ein kleiner Vorgeschmack auf das Kommende also. All das mit der sprichwörtlichen Freundlichkeit der Kanadier, die sofort den französischen Akzent von Marie bemerken und uns alles Wissenswerte in Kürze auf Französisch erklären. Der Eintrittspreis ist für kanadische Verhältnisse billig: pro Person 18 Dollar, plus die lokale Mehrwertsteuer.

Ich hatte von vorneherein große Bedenken, dass das gesamte Museum vielleicht zu „disneymäßig" aufgezogen ist. Will heißen: mit lustigen Maskottchen, Untermalung mit moderner Musik aus überall platzierten Lautsprechern und redseligen Animateuren im schicken Outfit, welche Geschichte kinderfreundlich und vor allem leicht verdaulich präsentieren. Insbesondere da wir uns fast einen Steinwurf von der US-amerikanischen Grenze befinden, woher ein Großteil der Besucher anreist. Erfreulicherweise ist dem aber überhaupt nicht so – im Gegenteil!

Warum Oberkanada?

Das Upper Canada Village ist „das" historische Museumsdorf in Ontario - obendrein mit richtigen Einwohnern. Hier wird anhand von über 40 nachgebauten oder wieder errichteten historischen Gebäuden, darunter Mühlen, Wohngebäude, Werkstätten, Sägewerke und auch eine Kirche, das Landleben um das Jahr 1860 präsentiert und für Besucher historisch getreu inszeniert. Der Name verweist auf das früher als Oberkanada bezeichnete Gebiet, das dem heutigen Ontario entspricht. Schon im Jahre 1961 wurde das Freilichtmuseum eröffnet, nachdem drei Jahre zuvor der Ausbau des Sankt-Lorenz-Seeweges mit der Überflutung von insgesamt zehn Dörfern einher gegangen war. Zahlreiche historische Gebäude dieses Gebietes waren deshalb Stück für Stück abgebaut und im „Village" wieder aufgestellt worden. Sie bildeten somit den Grundstock des weitläufigen Museumsdorfes. Wir orientieren uns erst einmal mit dem viel versprechenden Lageplan, der uns am Eingang überreicht wurde. Man sagte uns gleich, dass wir mindestens einen halben Tag einplanen sollten, um die wichtigsten Stationen so richtig zu erleben. Gleich am Eingang empfängt uns die Wollfabrik in einem in altrosa gestrichen Holzgebäude, dahinter schließt sich die Getreidemühle an, die von einer Dampfmaschine betrieben wird. Unsere besondere Neugier weckt jedoch das regelmäßige „ritsch-ratsch" aus einem daneben liegenden Holzsägewerk, das am Ufer eines eigens dafür geschaffenen Wasserarmes steht. Es ist tatsächlich voll funktional und große Baumstämme werden mit Hilfe der Wasserkraft in kleine Bretter zersägt. Ein Mann, gekleidet wie in alter Zeit, beaufsichtigt das mechanische Ungetüm im Inneren des urigen Bauwerkes. Ich fühle mich gleich ins vorige Jahrhundert zurückversetzt, so echt sieht alles aus. Auf unsere neugierigen Fragen antwortet er uns sogar im damals gesprochenen britisch-englischen Akzent, um die Illusion perfekt zu machen.

Wir gehen weiter in Richtung der Käsefabrik, denn dort soll heute vorgeführt werden, wie damals der Cheddar-Käse produziert wurde. Aber wir kommen nicht so rasch vorwärts, wie geplant, denn mit so viel Interessantem hatten wir nicht gerechnet. Das Haus des Besenmachers liegt auf dem Weg und mein Faible für altes Werkzeug, mit dem die Werkstatt aufs Beste ausstaffiert ist, lässt mich zum wiederholten Male meine Kamera zücken. Kaum trete ich aus der Werkstatt wieder ins Freie, da kommen mir drei Mädchen entgegen, die sich völlig unbefangen zum Gruppenbild aufstellen und wie die Profis für ein Foto posieren, als sie meine Kamera bemerken (siehe Fotoseite 5) – im klassischen Outfit der Jahrhundertwende, versteht sich. Nur die Kleinste der drei hatte wohl in der Eile vergessen, ihre modernen Turnschuhe zu wechseln.

Alles echt, wie vor hundert Jahren

Mein Blick fällt auf ein Plakat an der verwitterten Wand des Holzhauses, das dem Schmied gehört. Als studierter Grafikdesigner fällt mir sofort die historische schwarz-weiße Typografie auf, die eine Musikveranstaltung ankündigt. Nein, das Plakat ist nicht mit Tesafilm oder Reißzwecken aus dem Supermarkt hinter einer Plexiglasschutzscheibe angeschlagen. Es ist mit richtigem Knochenleim, der gelblich durch die unregelmäßig beschnitten Ränder des Plakates schimmert, an die Holzwand gepappt worden. Geschichtstreue bis ins kleinste Detail!

Die Werkstatt des Schmiedes ist bereits auf die eiserne Bereifung von Holzwagenrädern umgestiegen, wie man gut an seiner Einrichtung erkennen kann. Denn um die Jahrhundertwende war die Fortbewegung hoch zu Ross schon fast nicht mehr in Mode. Die Werkbank ist übersät mit altem Werkzeug und ich entdecke nicht ein einziges Zeugnis aus heutigen Tagen. Sogar der Zollstock ist in althergebrachter Schrifttype bedruckt.

Ich komme gerade aus der Werkstatt und als ich mich umdrehe, hat sich ein Mann mit weißer Schürze, rotkariertem Hemd und weißer Mütze unter dem alten Lindenbaum niedergelassen. Es ist der Bäcker, der sich ein kleines Päuschen gönnt und mich ebenfalls aufmuntert, ein Portrait von ihm zu schießen. Gesagt getan. Wir schlendern weiter, vorbei an seiner Backstube, aus der ein feiner Duft von frischem Brot strömt.

Von Weitem tönt uns irische Fiedelmusik entgegen. Es ist eine kleine Bühne aufgebaut, auf der sich ein Banjospieler, eine Geigenspielerin und ein bärtiger „Schlagzeuger" mit Tamburin und zwei Holzlöffeln zum Mittagskonzert eingefunden haben, alle gekleidet im Gewand der Epoche. Und hier ist nicht etwa ein Strandsonnenschirm aus heutiger Industrieproduktion zum Schutz gegen die heiße Augustsonne aufgestellt. Nein, ein Sonnensegel aus roter Leinwand ist mit Schnüren in den umher stehenden Bäumen aufgespannt und wir lauschen ein wenig den Liedtexten alter Geschichten, die diese Musik zum Thema hat.

Auch wir wollen uns nun eine kleine Pause gönnen und so kommt uns der herrlich angelegte, schattige Obstgarten hinter dem Haus des Schreiners, der hier *chair maker*, also Stuhlmacher heißt, wie gerufen.

Die Apfelbäumchen versprechen bereits reiche Ernte, der Kiesweg ist mit Löwenmäulchen in allen Rosa- und Gelbtönen gesäumt, tiefrote Bartnelken und eine Reihe von hoch aufragenden Zierpflanzen mit trompetenförmigen, weißen Blüten schmücken den Garten. Aus der Nähe betrachtet, erkenne ich sie sofort: es ist Wald-Tabak, eine stark duftende Unterart unseres bekannten Tabaks, der im August in voller Blüte steht. Denn früher hatte Tabak eine Bedeutung als Heilpflanze, insbesondere in der Augenheilkunde.

Wettervorhersage in alten Zeiten

Wie in jedem Bauerngarten kann ich auch hier die leuchtend-oran-genen Ringelblumen finden – ein wahrer Tausendsassa der Pflanzen-heilkunde, ebenso unter dem Namen Calendula bekannt. Die Blüten wirken entzündungshemmend. Bei Magen- und Darmgeschwüren sowie bei Menstruationsbeschwerden werden sie innerlich ange-wandt. Äußerliche Anwendung finden sie bei Hautentzündungen, schlecht abheilenden Wunden, bei Quetschungen, Furunkeln sowie bei allerlei Hautausschlägen. Bei Bauern stand die Ringelblume in hohem Ansehen, weil sich mit ihrer Hilfe sehr zuverlässig das Tages-wetter voraussagen ließ. Waren die Blüten morgens zwischen 6 und 7 Uhr bereits geöffnet, so versprach dies einen schönen, sonnigen Tag. Waren sie jedoch nach 7 Uhr immer noch geschlossen, so musste mit Regen gerechnet werden. Des Weiteren finde ich den roten Fin-gerhut, auch Digitalis genannt, dessen therapeutische Wirkung bei Herzleiden bereits damals bekannt war und der zu diesem Zwecke aus Europa mitgebracht worden war.

Unsere Mittagspause dauert nicht sehr lange und wir suchen auf unserem Plan die öffentlichen Toiletten. Wir haben sie gar nicht recht bemerkt, denn sie stehen direkt beim soeben beschriebenen Obstgarten. Sie sind nicht in einem unpassenden, modernen Back-steingebäude untergebracht, sondern ebenfalls im historisch korrek-ten Stil ganz aus Holz errichtet. Selbst das Toilettensymbol ist kein Plastikschild, sondern handgemacht – in guter, alter Schreinerar-beit. Ja, ich mag die Liebe zum Detail bis in den letzten Winkel sehr.

Auf unserer weiteren Route, die von historischen Häusern jeglicher Bauart gesäumt ist, sehen wir von Weitem schon ein Pferd, das ständig im Kreis herumläuft, im Takt mit dem Geräusch einer Säge. Beim näheren Hinsehen entpuppt sich das Ganze als ein Miniatursägewerk mit komplizierter Mechanik, welche die Drehbewegung in eine Vor- und Zurückbewegung umsetzt. Der nette Museumsmitarbeiter mit Strohhut und Hosenträgern aus Leder erklärt uns auf Nachfrage genauestens sämtliche Einzelheiten der Ingenieurskunst vor hundert Jahren. Dabei ist sein stolzer Unterton nicht zu überhören – was seine Landsleute damals schon alles erfunden hatten!

Gleich daneben besuchen wir das Haus der McDiarmids, einer Familie, die – nachweislich aus Perthshire in Schottland – in den frühen 1860er Jahren die Gegend besiedelte. Im Gebäude zeigt man heute, wie die Leute in alter Zeit ihre Kleidung selbst herstellten. In einem Zimmer kann man einer Frau beim Spinnen der rohen Wolle zu einem Faden zusehen und es selbst probieren, wenn man will. In einem weiteren Raum sitzen zwei ältere Damen mit dunkelblauen Kleidern und Spitzenhäubchen, die mit Nadel und Faden von Hand Kleider nähen. Das Foto, das ich davon mache, könnte gut und gerne aus einem historischen Filmszenario stammen, so echt ist alles.

Kanadas älteste Wochenzeitung

Da ich aus der Branche komme, interessiert mich insbesondere das Haus einer fiktiven Tageszeitung, die auf Französisch „Gazette" heißt. Diese Bezeichnung geht womöglich auf „La Gazette" oder „Gazette de France" zurück, eine bereits 1631 in Paris gegründete Zeitung. Interessant ist außerdem, dass man nicht weit vom Museumsdorf, im Price-Edward County, Kanadas älteste Wochenzeitung findet (siehe Kapitel IV). „The Picton Gazette", die schon 1830 in der Hauptstadt des County gegründet wurde und noch heute existiert. Im Gebäude der Museumsdorf-Zeitung kann man dem Schriftsetzer bei der Arbeit zuschauen und sich über eine dort frisch gedruckte Zeitungsseite mit alten Annoncen amüsieren, übersetzt etwa: „Möbel jeder Art – gesägte Holzbretter im Austausch möglich!" oder „Große

Preisnachlässe für Baumwolle in Cornwall" oder auch „Schmied in der Brückenstraße, Kutschen und Wagen – Ausführung nach bester Handwerkskunst".

Direkt gegenüber befindet sich ein schmuckloses und nicht besonders großes Holzhaus, dessen Fassade mit hellgrauen Streifen versehen ist. Es ist das Schulhaus. Beim näheren Hinschauen kann man erkennen, dass die Zwischenräume zwischen den einzelnen Holzbohlen minutiös mit Mörtel abgedichtet worden sind. Auch sieht man gut, dass die Stärke der Hauswände, die elegant in Nut und Federtechnik an den Ecken ineinander gefügt wurden, lediglich der Bohlenstärke entspricht. Bei unseren eisig kalten Wintern denke ich mir nur, war es damals sicher nicht besonders gemütlich da drinnen! Nun, die ebenso eiskalte Lehrerin empfängt uns im Inneren, das eben der Fläche eines Klassenzimmers entspricht. Sie trägt ein hochgeschlossenes dunkelviolettes Kleid. Sie weist mich sofort zurecht, als ich mich auf eine Schulbank setzen will: „This is the side for girls, the other one is for the boys!" Das waren damals eben die strengen Regeln. Die Sitzordnung war puritanisch nach Geschlechtern getrennt.

Man erfährt außerdem, dass die Schulzeit etwa 6 Jahre dauerte, in deren Verlauf die Schulkinder Lesen und Rechnen lernten, sich ein Grundwissen in den Naturwissenschaften und in Geschichte aneignen konnten und die wichtigsten Moralprinzipien nach christlichem Vorbild sowie anständiges Benehmen erlernten. Gute Schüler, deren Eltern es sich leisten konnten, wechselten danach zur höheren Schule, um sich als Juristen, Mediziner oder in religiösen Berufen weiterzubilden. Junge Mädchen aus wohlhabenden Familien wohnten oft in privaten Mädcheninternaten, die sich auf die schönen Künste, aber auch auf Sozialberufe spezialisierten.

Schule hieß auch: Demütigungen vor der ganzen Klasse

Schulen waren damals im Allgemeinen recht unbehagliche Orte – nur notdürftig geheizt, mit kleinen Holzöfen, schlecht beleuchtet und mit nur wenigen Büchern oder Lernmitteln ausgestattet. Meistens wurde das tägliche Lernpensum auf Schiefertafeln geschrieben. Der wichtige Lernstoff wurde hingegen in Notizbücher, die „copy books", abgeschrieben, die von den Schülern mitgebracht werden mussten, genauso wie alle übrigen Schulsachen. Allen staatlichen Volksschulen jedoch war gemein, dass sich der Unterricht auf mechanisches Auswendiglernen beschränkte, das die allgemeinen Wissensgrundlagen vermitteln sollte. Die Beherrschung dieses Allgemeinwissens wurde dann von dem Schulleiter regelmäßig mündlich geprüft. Zucht und Ordnung wurde durch Androhung körperlicher Bestrafung, durch gezielte Vermittlung von Schuldgefühlen oder durch Demütigungen vor der ganzen Klasse erreicht.

Bei so vielen intimsten Einblicken in die, für unser heutiges Verständnis, altbackenen Disziplinarmaßnahmen von damals, haben wir erst einmal die Nase voll von den alten Zeit und wollen uns wieder irdischen Gaumenfreuden zuwenden. Denn endlich erscheint vor uns das Gebäude, gedeckt mit grauen Holzschindeln und mit der Aufschrift UNION CHEESE FACTORY. Es ist die Käserei, die sich fast am Ende des Museumsdorfes befindet und auf die wir seit Stunden zusteuern. Doch als wir gerade um die Ecke biegen, trauen wir unseren Augen kaum. Ein gut beleibter Bauersmann mit Strohhut und handgeschnitztem Wanderstab versperrt uns mit seinem Ochsenkarren den Weg – ja, ein echter Karren mit lebendigen Ochsen. Die beiden bulligen Tiere mit ihren spitzen Hörnern sehen uns aber nur gutmütig an und setzen gemächlich ihren Weg mit dem knarrenden Karren fort. Marie und ich sind wieder total im Jahr 1860 angekommen – unsere Zeitreise ist also noch lange nicht zu Ende.

Wir treten in die Käserei hinein, es riecht herrlich nach frischer Milch. An den Holzwänden sind alte Plakate in der historischen Typografie, die ich so liebe, angeschlagen. In der Mitte des stattlichen Holzgebäudes drängen sich noch weitere Besucher, denn die Vorführung der beiden Käsemeister ist schon fast am Ende angelangt. Heute wird Cheddar-Frischkäse gemacht, auch „Fromage en grains" oder „Cheese curds" genannt, also Käse in kleinen Stückchen. Die badewannengroßen Käsewannen aus Blech sind schon beinahe leer gefischt, nur noch wenige Portionen des berühmten Cheddar-Käses (sprich: „Schädarh") warten auf ihre weitere Bestimmung. Man darf auch probieren – lecker! Diese Käsesorte stammt ursprünglich aus dem Südwesten des

Vereinigten Königreiches und trägt den Namen des kleinen Dorfes Cheddar, das in der Grafschaft Sommerset unweit von Bristol liegt. In England ist Cheddar der populärste Käse, mit einem Marktanteil von 50 Prozent. In Kanada ist er nicht weniger beliebt, bis heute!

Warum ist der Cheddar gelb?

Unser Käsemeister, ein alter, drahtiger Kerl, redet bei seiner Arbeit ohne Punkt und Komma und wir erfahren etwas völlig Neues: Bekanntlich gibt es ja den orange-gelben und den weißen Cheddar. Der gelbe Cheddar wird mit Annatto gefärbt, einem Farbstoff, der aus den Samen des Orleansstrauches gewonnen wird. Gebräuchlich ist dieses Verfahren aber nur in England. Hingegen wird der Cheddar aus Kanada NICHT gefärbt, und somit ist eine genaue Bestimmung des Herkunftslandes möglich. Geschmacklich gibt es überhaupt keinen Unterschied. Man wollte sich damals vor dem ungezügelten Import des Cheddars aus England schützen, um dadurch die lokale Milchwirtschaft in Kanada zu unterstützen. Durch die Farbe sah der Kunde sofort, wo der Käse herkam.

Die Käserei wird im Inneren des Hauses von der strahlenden Augustsonne langsam heiß und stickig und wir sind froh, wieder draußen an der frischen Luft zu sein. Es geht weiter zum Bauernhof, der Tierfarm der Familie Loucks. Gleich am Eingang der Farm lesen wir, dass die deutschen Vorfahren der Familie sich bereits nach der amerikanischen Revolution, also Ende des 18. Jahrhunderts, hier niederließen. Mich haben Bauernhöfe schon immer fasziniert, da ich einen Großteil meiner Kindheit die Sommerferien dort verbringen durfte und ich fühle mich wieder wie ein Junge von sieben Jahren – die Atmosphäre, die Geräusche und Gerüche sind dieselben wie damals. Besonders entzückt mich der frische Wurf von acht kleinen Ferkeln, die sicher nicht älter als vier Wochen sein dürften. Sie sehen so lustig aus, wie sie beim Herumflitzen mit den Ohren wackeln. Sie sind schnell, wie der Wind und ich habe Mühe, ein gutes Foto von ihnen zu schießen. Aber der bewährte Trick mit Futter klappt immer und ich mache sie mit einem Apfel neugierig, damit sie in meine Richtung kommen. Die schwarzweiß gefleckte Rasse ist im Übrigen die „Bunte Bentheimer", die zu den ältesten Hausschweinrassen überhaupt gehört.

Marie drängt zum Weitergehen, denn ich verliere mich zu schnell in der Zeit mit meinen kleinen, witzigen Freunden. Unser nächster Halt ist in der Schneiderei, die sich nicht in einem Holzhaus, sondern in einem soliden Backsteingebäude befindet. Es bedeutet, die Schneider hatten damals gut zu tun. Im Jahre 1871 zählte man in der Gegend einen Schneider auf rund 200 weibliche Einwohner. Meistens stellten die Frauen damals ihre normale Tageskleidung für sich und die Familie selbst her und leisteten somit einen wichtigen Beitrag zum wirtschaftlichen Erfolg des Familienclans. Es gab jedoch besondere soziale Begebenheiten, wo die Frauen so gut wie nur irgend möglich aussehen wollten. Da ging man eben doch zum Profi.

Was man früher drunter trug

Zu Beginn des 19. Jahrhunderts begannen die Frauen, Wäsche unter der normalen Tageskleidung zu tragen. Das war zuvor gänzlich unbekannt gewesen, auch in der Männerwelt. Die Damen zogen damals zwei getrennte Hosenbeine an, die dann an der Taille zusammengebunden wurden, und so heißt das Unterhöschen im Sprachgebrauch Nordamerikas heute noch „a pair of panties".

Zu Beginn der 1860er Jahre war eine dreieckige Körpersilhouette bei den Damen ganz groß in Mode – mit übergroßen Reifröcken und weit ausladenden, sogenannten Pagoden-Ärmeln. Zur Mitte der 1870er Jahre wandelte sich der modische Stil mehr zu einer rechteckigen, geradlinigen Körpersilhouette mit schlankeren Röcken, hinten mit einem ausgepolsterten Gesäß, der Tournüre, sowie fest anliegenden Ärmeln. Auch das Mieder wurde weiterhin getragen, um die damals dem Schönheitsideal entsprechende Wespentaille zu schaffen. Die Kleider wurden mit Rüschen, Ornamenten, Litzen und Spitzen mehr oder weniger reich verziert, je nach Geldbeutel und sozialem Rang. Die Damen bevorzugten dunkle Töne, im Sommer allerdings auch weiß und Naturfarben. Für die Kleidung der Männer wurden vorwiegend dunkle Tuche in Blau, Braun, Grau und Schwarz verwendet. Die in der Schneiderei anwesende, etwas ältere Dame ist ein lebendes Musterbeispiel der damaligen Kleiderordnung und sie steht den vielen vor allem weiblichen Besuchern geduldig Rede und Antwort. Wir lernen, dass die Kleiderordnung damals überaus streng war und es jede Menge Regeln zu beachten gab. Nur bei gesellschaftlichen Anlässen durften Frauen, insbesondere die der high society, weit ausgeschnittene Kleider tragen. Im Alltag jedoch zeigten sie sich sehr hochgeschlossen mit langen Ärmeln und langen Röcken, die auch im Sommer getragen werden mussten. Eine Kopfbedeckung, meist eine weiße Haube, musste aufgesetzt werden, selbst von den Kindern. Offenes Haar war selten und störte sicher auch bei der täglichen Arbeit. In der Regel durfte keine nackte Haut und schon gar nicht Dekolleté gezeigt werden – sicher ein Relikt des Puritanismus der ersten Siedler Nordamerikas.

Es geht weiter. Die John Chrysler's Farm oder Chrysler Hall taucht auf, deren Bedeutung ich schon erwähnt habe. Sie besitzt ein herrschaftliches Portal, umrahmt von dorischen Säulen, und beherbergt in den weitläufigen Innenräumen viele großformatige Gemälde. Darunter erkenne ich eines von der berühmten Schlacht am Little Big Horn, die Indianer gegen General Custer am 25. Juni 1876 im heutigen Montana siegreich geführt hatten.

Vorbei am „Willard's Hotel", wo man heute noch gut Essen kann, und dem „Chrysler Store", wo man früher allerlei Fässer, Werkzeuge und starke Taue erstehen konnte, sticht uns das nächste, knallgelb gestrichene Gebäude ins Auge. Es ist von einem weißen Holzzaun, mit viktorianischen Elementen verziert, umgeben. Das Robertson-Haus ist ein herrschaftliches Anwesen, das einem Immobilienmakler der Epoche gehörte. Man tritt ein und steht mitten im Wohnzimmer, das damals „parlor" genannt wurde. Es war sozusagen ein Ausstellungsraum und mehr dafür bestimmt, der Welt zu zeigen, wie wohlhabend eine Familie war. Es wurde mit Möbeln ausgestattet, die nicht für die alltägliche Benutzung bestimmt waren. Diese Räume waren normalerweise recht dunkel, die Vorhänge wurden zugezogen, das Mobiliar war abgedeckt und die Türen waren abgeschlossen. Im Robertson-Haus ist sogar noch die Wohnzimmertapete zu sehen, die aus England importiert und nachweislich dort vor 1820 gedruckt worden ist.

Das waren noch Zeiten – das Bier für Zwei-fünfzig

Als wir aus dem sehr schön angelegten Garten wieder auf den Hauptweg kommen, den man Queen Street getauft hat, steuern wir direkt auf die Dorfkneipe zu, den „Cook's Tavern and Livery", zu Deutsch „Kochs Wirtschaft und Mietstall". Am Eingang informiert uns ein Plakat – wieder ganz im authentischen Stil gestaltet – dass ein Glas „Ginger Beer" zwei Dollar fünfzig kostet, dass bis 16.00 Uhr an der Bar serviert wird und dass „gesetzliche Zahlungsmittel" akzeptiert werden. Zwei Damen im historischen Gewand begrüßen uns am Eingang und posieren für ein Foto, um uns dann allerlei Wissenswertes über den Alkoholgenuss vor hundert Jahren zu erklären.

Kurz zum Inhaber: Michael Cook, ein Loyalist, also ein loyaler Untertan der britischen Krone, hatte deutsche Vorfahren. Er kam aus dem Tal des Mohawk River, eines Flusses im heutigen Bundesstaat New York, nur wenige Kilometer entfernt. Schon 1804 erhielt er seine erste Lizenz zum Betrieb einer Taverne. Besucher waren vor allem Einwanderer, welche den Sankt-Lorenz stromaufwärts mit dem Schiff bereisten. Auch war sie für alle Durchreisenden hervorragend als Unterstellplatz für Pferdekutschen geeignet, die auf dem „King's Highway" zwischen Kingston und Montreal unterwegs waren. Wenn ein Reisender übernachten wollte, konnte er etwas zu Essen, ein bequemes Bett mit einer Auswahl an netten Zimmern erwarten. Im Haus gab es ein Lesezimmer zum Sitzen und Entspannen, die meisten Leute hielten sich jedoch bevorzugt im Gastzimmer und an der Theke auf, wo man ein Bier trinken und sich mit so manchen Mitreisenden aufs Trefflichste unterhalten konnte. Wenn das Gasthaus überfüllt war, konnte man im Tanzsaal auf Strohsacklagern ein Plätzchen zum Schlafen finden.

Meine Marie freut sich schon riesig, denn der nächste Halt soll das Haus des Schuhmachers sein. Wir gehen die „Kirchstraße" hinunter Richtung Fluss und sehen seine Werkstatt schon von Weitem: ein Stiefel geschnitzt aus Holz baumelt an der Fassade – das übliche Zeichen der Epoche. Innen riecht es wunderbar nach Leder und der Schuhmacher auf seinem Schemel ist immer noch am Werken. Er erzählt uns auf Nachfrage, dass es eine ganze Woche dauert, bis ein

Paar Stiefel fertiggestellt ist. Normale Schuhe brauchen etwas weniger Zeit. Ja, der Mann ist ein richtiger Handwerker, denn sämtliche Ausstellungsstücke hat er eigenhändig hergestellt: hübsche Kinderschühchen, elegante Damenstiefel und stabile Männerschuhe, meist in der Naturfarbe des Leders belassen.

Eine Volkszählung in den 1860er Jahren ergab, dass in Ostkanada 221 Schuh- und Stiefelmacher ihr Handwerk ausübten. 141 davon waren Einzelunternehmer, die bei sich zu Hause oder in ihrer angebauten Werkstatt arbeiteten. Manche von ihnen gingen von Tür zu Tür, um so besser an Aufträge heranzukommen und nahmen gleich Maß an Ort und Stelle. Die meiste Zeit waren die Schuhmacher damals jedoch mit Reparaturen beschäftigt.

Gleich neben dem Haus des Schuhmachers, kurz vor dem Fluss, steht ein Haus, welches die letzte Etappe unserer heutigen Zeitreise darstellt: Es ist die Werkstatt und der Laden des „Tinsmith", des Blechschmieds oder Blechbiegers. Zur damaligen Zeit gab es in jeder Stadt und sogar in jedem Dorf einen Blechschmied. Denn die leichten und obendrein wesentlich billigeren Blechwaren stellten einen immer begehrteren Ersatz für schweres Zinngeschirr, unhandliche Holzgefäße und zerbrechliche Töpferwaren dar. Der Rohstoff des Blechschmieds, verzinktes Blech im handlichen Format von 25 x 35 cm, kam mit dem Schiff aus Großbritannien. Die Zinkgruben Cornwalls in England exportierten bis zum Ende der 1870er Jahre in die ganze Welt. Auf Bestellung fertigten die Blechschmieden auch Gefäße aus Messing- oder Kupferblechen, wenn Zinkblech wegen der Rostgefahr nicht dazu geeignet erschien, insbesondere für Schüsseln, Wannen oder Wassereimer.

Der Gehilfe kehrt gerade den Boden sauber: Schluss für heute, Feierabend! Wir gehen dennoch hinein, neugierig, wie wir sind. Der Laden ist über und über mit allerlei Blechwaren wie Kuchenformen in verschiedensten Größen und Formen, Wasser- und Kaffeekannen, Keksdosen, Blechtrichtern, Salzfässchen, Kerzenhaltern, Käsereiben, Sieben in allen möglichen Durchmessern und sonstigem Blechgeschirr behängt. Es sieht wirklich schön aus, wie sich die silbrig glänzenden Gefäße gegen die dunkelgrün gestrichenen Wände abheben. Da der Blechschmied mein verzücktes Gesicht bemerkt und das unaufhörliche Klicken meiner Kamera, wendet er sich uns zu: „You can purchase some of these articles in the village gift shop!" Gute Idee!

Beim Hinausgehen fällt mein Blick noch auf einen großen Tisch, der in der Mitte der Werkstatt steht. Auch hier, wie in allen übrigen Werkstätten des Museumsdorfes, sind ausschließlich alte Werkzeuge in Benutzung. Nicht einmal ein Kugelschreiber oder gar ein elektrischer Lötkolben liegt herum. Die beiden Blechbieger im authentischen Handwerksgewand machen abermals die Illusion perfekt: Wir befinden uns immer noch irgendwo im Jahr 1860. Der Besen schwingende Geselle ließ es uns schon ahnen: Das Museumsdorf schließt bald seine Pforten, wir sind fast am Ende des Rundganges und damit unserer Zeitreise angelangt.

Wir gehen zurück und verstehen nun besser, warum diese Straße „Church Street", also „Kirchstraße" heißt. Es steht dort nämlich die „Christ Church", die Christuskirche, welche 1837 erbaut wurde. Man sagt, dass ihr Baustil damals als „Picturesque", bezeichnet wurde. Ich forsche zuhause nach: „Picturesque" heißt wortwörtlich „...geeignet, um in ein Bild eingefügt zu werden". Es war ein Begriff, der laut Wörterbuch seit 1703 im englischen Sprachraum benutzt wurde und ursprünglich vom italienischen Begriff „pittoresco" (zu Deutsch: in der Art und Weise eines Malers) abstammt.

Das gab es damals schon – Kirchen ohne Kruzifix

Das Kirchengebäude, natürlich vollständig aus Holz errichtet, spiegelt in seiner Architektur einen Sinn für Ordnung, Symmetrie und Gleichgewicht wider. Dies war typisch für den Baustil des Klassizismus, der in Europa von etwa 1770 bis 1830 vorherrschte. Dazu kommen die spitzen, gotischen Fensterbögen, deren Form sich im Dachgeländer wiederholt, Architrave um das Dachgesims sowie die vier architektonischen Betonungen um die Spitze des Glockenturms, die eher dem Historismus zuzuordnen sind. Dies war ein Phänomen der Stilepoche. Interessant außerdem: Auf der Turmspitze sowie in der Kirche findet man weder ein Kruzifix noch stehen Kerzen auf dem Altar; solche profanen Dinge wurden bei Gottesdiensten in den 1860er Jahren nicht akzeptiert.

Wir schlendern langsam Richtung Ausgang, ein wenig erschöpft, aber dennoch gut gelaunt und kommen an einem Gemüsegarten vorbei, der in traditioneller Manier angelegt wurde. Das Karottenbeet liegt neben dem Zwiebelbeet, die Bohnen stehen neben roten Rüben, der Weißkohl ist neben dem Rettich gepflanzt. Da ich selber in den siebziger Jahren über längere Zeit den Gemüsegarten meiner Mutter in Deutschland gepflegt habe, kenne ich mich aus: Ich entdecke ganz alte Gemüsesorten wie Topinambur, Pastinak und auch roten Mangold.

Da das Museumsdorf schon um 17 Uhr schließt, hat sich fast der ganze Besucherstrom im Souvenirshop eingefunden, der strategisch günstig vor dem Ausgang platziert wurde. Ja, es geht zu wie in einem Bienenstock! Wir kommen am Bäckerladen vorbei, aber das frische Brot des Tages ist leider schon ausverkauft, der Andrang ist immens. Auch die Abteilung mit Blechgeschirr hat nicht das, was wir uns beim „Tinsmith" in dessen Werkstatt ausgesucht hatten – leider! So treten wir – bedauerlicherweise ohne ein einziges Souvenir – die Rückreise an.

Aber unsere beiden Köpfe sind randvoll an Eindrücken von Menschen, Bildern, Gerüchen und Geräuschen aus der alten Zeit, dass wir uns noch lange danach gerne an diese, ich würde sogar sagen, einmalige Zeitreise erinnern.

Québec – ein Ort der Weltgeschichte

Nur wenige wissen, dass die Stadt Québec während des Zweiten Weltkrieges zweimal wichtiger Tagungsort gewesen ist. Zuerst im August 1943 und später im September 1944. Die drei Verbündeten Kanada, USA und Großbritannien erörterten hier entscheidende Fragen zur Situation in Europa sowie zur Invasion in der Normandie und fassten wichtige Entschlüsse.

Bei einem Spaziergang durch die historische Altstadt von Québec fallen mir ein großer Gedenkstein (siehe Fotoseite 2) sowie zwei Bronzeskulpturen auf, die direkt hinter der „Porte St-Louis", einem der drei mächtigen Stadttore, das Trottoir schmücken. Es sind bronzene Büsten von Winston Churchill und Franklin D. Roosevelt, den zwei Persönlichkeiten der Weltgeschichte, deren Namen mir selbstverständlich geläufig sind. Mir erschließt sich jedoch nicht, warum beide hier verewigt wurden. Ich forsche nach.

„Quadrant" war der Codename einer ersten Québec-Konferenz, die vom 14. August 1943 an zehn Tage lang sowohl in der historischen Zitadelle als auch im nahegelegenen Hotel Château Frontenac stattfand. Gastgeber war der kanadische Premierminister William Lyon Mackenzie King. Es nahmen der britische Premierminister Winston Churchill sowie der amerikanische Präsident Franklin D. Roosevelt teil. Da die Konferenz sich vor allem um militärische Angelegenheiten drehte, hatten die Staatsoberhäupter ihre Generalstabschefs mitgebracht. Zentrale Themen dieser zehn Konferenztage waren die Kapitulation Italiens, die geplante Invasion in der Normandie unter dem Decknamen „Operation Overlord", der Burmafeldzug und außerdem die Besetzung eines Militärkommandos in Südostasien.

Die „Operation Overlord" wurde allseits gebilligt und der britische General Frederick E. Morgan wurde beauftragt, einen detaillierten Plan zu entwerfen. Die Engländer gingen davon aus, dass ein Brite den Oberbefehl über die alliierten Streitkräfte erhalten sollte, nachdem General Dwight D. Eisenhower als Amerikaner die Operationen in Sizilien und Italien geleitet hatte. Churchill hatte deshalb seinen Chef des Generalstabs der Armee, General Alan Brooke informiert, dass er der Oberbefehlshaber werden solle. Nachdem es im Verlauf des Jahres 1943 immer deutlicher wurde, dass die Amerikaner den Hauptteil an Truppen und Material stellen würden, forderten sie nun auch den Posten des Oberbefehlshabers. Churchill stimmte schließlich zu, auch um die Amerikaner stärker in das europäische Kriegsgeschehen einzubinden.

Weiterhin wurde das Verhalten der Alliierten gegenüber den Friedensangeboten Italiens diskutiert. Man einigte sich darauf, bei der Forderung nach bedingungsloser Kapitulation zu bleiben. Die Invasion auf Sizilien, die „Operation Husky", war vor kurzem abgeschlossen worden und man vereinbarte, das Projekt zur Invasion auf dem italienischen Festland fortzusetzen. Außerdem wurde das Québec-

Agreement unterzeichnet, das die weitere Entwicklung der alliierten nuklearen Forschung regeln sollte. Von nun an würden britische und kanadische Wissenschaftler am amerikanischen Manhattan-Projekt mitwirken, das später die Hiroshima-Bombe hervorbrachte. Die zweite Québec-Konferenz wurde unter dem Decknamen „Octagon" vom 12. bis zum 16. September 1944 abgehalten. Die Hauptakteure waren dieselben wie bei der Konferenz ein Jahr zuvor. Man diskutierte bereits über alliierte Besatzungszonen im besiegten Deutschland, da knapp vier Monate vorher die Invasion in der Normandie erfolgt und am 25. August 1944 Paris befreit worden war. Des Weiteren ging es um Wirtschaftshilfe für Großbritannien sowie um die Teilnahme der britischen Marine am Krieg gegen Japan.

Insbesondere der amerikanische Finanzminister Henry Morgenthau junior konnte bei dieser Konferenz mit seinen Vorschlägen für die Zeit nach dem absehbaren Sieg der Alliierten auftrumpfen. Sie sahen die Umwandlung Deutschlands in einen Agrarstaat vor, um langfristig zu verhindern, dass Deutschland je wieder einen Angriffskrieg führen könne. Morgenthau gelang es, selbst den äußerst skeptischen Winston Churchill von den Grundzügen seines radikalen Planes zu überzeugen, der später als Morgenthau-Plan in die Geschichte einging. Präsident Roosevelt verwarf den Entwurf zum Glück schon nach einigen Wochen.

Kapitel II – zu Kunst und Kultur

Huronen in Wendake – ein Indianerdorf heute

Das Indianerreservat „Wendake" hat sich im Verlauf der Jahre zu einem prosperierenden Wirtschaftsstandort mit eigenem Tourismusbeauftragten entwickelt, ohne seine indianischen Wurzeln zu verleugnen. Ich hatte die große Ehre, den langjährigen Stammeshäuptling Max Gros-Louis („Großer Wolf") zu sprechen.

Jeder kennt die Bezeichnung von einem der großen Seen in der Mitte Nordamerikas, der von den Vereinigten Staaten über die Grenze bis nach Kanada reicht, und Huronsee heißt. Er wurde nach dem früher dort sehr mächtigen Indianervolk der Huronen benannt, das sich selbst jedoch Wyandot nennt. Ursprünglich gehörten sie zu den Irokesen, trennten sich aber im Laufe der Zeit von diesen und verbündeten sich mit den dort lebenden Algonkin-Völkern.

Der Name Huronen geht auf die französische Bezeichnung des steil aufgestellten Haarkammes von Wildschweinen („la hure") zurück, denn die Wyandot hatten eine Haartracht, die sehr stark daran erinnerte. Interessanterweise hat in den 90er Jahren diese spezielle Haartracht als sogenannter Irokesenschnitt seinen Einzug in die Jugendkultur der Punkbewegung gefunden und wurde damit sehr populär.

Nation Wendake – von damals bis heute

Die Wyandot bewohnten ihre traditionellen, aus Baumstämmen, Rinde und Zweigen gebauten Langhäuser mit gewölbtem Dach, lebten vom Fischfang und der Jagd und betrieben intensiven Ackerbau. Sie zählten damals etwa 30.000 Menschen. In der Mitte des 17. Jahrhunderts wurden sie durch Stammeskriege mit den im Westen lebenden Irokesenstämmen wie den Mohawk fast aufgerieben. Durch die von den Siedlern aus Europa eingeschleppten Krankheiten dezimierte sich ihre Population abermals. Sowohl durch Pockenepidemien, als auch durch die sogenannten Biberkriege, einer Rivalität im Pelzhandel zwischen Indianern, Franzosen und Engländern, brach die Bevölkerungszahl der Wyandot bis auf etwa dreihundert Stammesmitglieder ein. Eine kleine Gruppe siedelte sich um 1650 in der Nähe von Québec an, wo sie heute die autonome Nation Wendake bilden. Vier weitere Gruppen leben außerdem noch in Oklahoma in den USA.

Wendake (sprich: „Uenndackie") bedeutet sinngemäß „der Ort, an dem die Leute bleiben" in der Sprache der Wendat oder Wyandot. Es bezeichnet das prosperierende Indianerreservat der kanadischen Wendat-Huronen bei Loretteville, knapp 20 Kilometer südwestlich der Provinzhauptstadt Québec gelegen, wo heute wieder rund 3.000 Menschen dieser Volksgruppe leben. Wenn man das Reservat besucht, wird man jedoch schnell erkennen, dass das Aussehen der dort lebenden Menschen nicht mehr viel Ähnlichkeit mit dem der indigenen Völker hat. Denn im Verlauf von rund 360 Jahren haben sich die wenigen Wyandot-Indianer mit Siedlern und Immigranten aus europäischen Ländern stark vermischt und ihr Erscheinungsbild wurde dadurch europäisch. Manchmal wird man sogar hochgewachsene Menschen mit blondem Haar und mit blauen Augen antreffen können.

Sie sprechen neben Französisch auch wieder ihre eigene Sprache, einen Irokesen-Dialekt, der auch an den Schulen in Wendake gelehrt wird und erfreulicherweise wieder an Bedeutung gewinnt. So ist die Sprache heute nicht mehr vom Aussterben bedroht, wie noch in den 60er Jahren befürchtet. Im gesamten Reservat sind sämtliche Straßenschilder zweisprachig, ebenso die offiziellen Hinweisschilder der Regierung. Zum Vergleich: Einige der größeren indianischen Sprachen, wie Cree mit bis zu 90.000 Sprechern in Kanada, oder Navajo im Südwesten der USA mit rund 150.000 Sprechern, sind ebenfalls nicht gefährdet. In ganz Kanada sind derzeit noch mindestens 74 verschiedene Sprachen der First Nations in Gebrauch.

Wie bereits erwähnt ist Wendake heute eine autonome Nation und eines der wenigen Indianerreservate auf dem nordamerikanischen Kontinent, das sich eine hohe wirtschaftliche und politische Integrität erworben hat. Man kann sagen, die Bewohner haben denselben Lebensstandard erreicht, wie die übrige Bevölkerung Kanadas. Schon allein die niedrige Arbeitslosenquote von knapp 3 Prozent spricht eine deutliche Sprache.

Max Gros-Louis – Stammeshäuptling und Wegbereiter

Einer der Hauptgründe für diesen Erfolg sind die jahrelangen, sehr intensiven Anstrengungen des Stammeshäuptlings Max Gros-Louis, in seiner Sprache auch „Oné Onti – Großer Wolf" genannt (siehe Fotoseiten 1 und 8). Geboren 1931, stand er von 1964 bis 1984 ununterbrochen als der politische Führer der Wyandot an der Spitze seiner Nation dann erneut von 1994 bis 1996 und zuletzt von 2004 bis 2008.

Max Gros-Louis ist vor allem für seine Beiträge als Gründer und Leiter von Organisationen, die die Kultur und die Rechte der Indianer vertreten, über die Grenzen Kanadas hinaus bekannt geworden. Zwischen 1965 und 1976 war er nacheinander Gründungsmitglied, Vizepräsident und Schatzmeister der „Association des Indiens du Québec"; er war ebenso fünf Jahre lang Generalsekretär des Indianerbeirates und für drei Jahre Direktor des Weltkongresses der First Nations. 1983 und 1987 vertrat er sämtliche Ureinwohner der Provinz Québec bei kanadischen Verfassungskonferenzen für die Rechte der indigenen Völker. Er war Verantwortlicher Leiter des „Aboriginal Economic Development Program", Mitglied des Rates für multikulturelle Angelegenheiten sowie 10 Jahre lang Direktor und Vizevorstand der Hauptversammlung der First Nations.

Max Gros-Louis hatte immer einen eigenständigeren und souveräneren Ansatz, den wirtschaftlichen und sozialen Problemen seines Volkes zu begegnen, als die meisten anderen Führungsfiguren der „Premières nations du Canada". Während seines produktiven Lebens hat er zahlreiche Auszeichnungen und Ehrungen erhalten. Allen voran den „Ordre national du Mérite de la France" sowie die Ehrenmedaille in Gold für sein „Engagement und seine herausragenden Verdienste gegenüber der menschlichen Gemeinschaft". Sein ganzes Leben hat er der Entwicklung, der Kultur und den Rechten indigener Völker sowie deren internationaler Anerkennung gewidmet. Im Übrigen hatte ich einmal die große Ehre, Max Gros-Louis besuchen zu dürfen, um ein wenig über seine Vergangenheit und die Zukunft seines Volkes zu plaudern.

Reservat Wendake – attraktiv für Besucher aus aller Welt

Ein weiterer Grund für den ganz hervorragenden Lebensstandard der Wyandot sind die vielen interessanten Attraktionen, die sich ein sehr kreatives und agiles „Office de Tourisme de Wendake" jedes Jahr neu ausdenkt und die Besucher aus aller Welt zuhauf in die Region ziehen. An der Spitze dieser Attraktionen steht sicherlich die sehr schön dem historischen Vorbild nachempfundene Siedlung der Wyandot-Indianer, die zeigt, wie diese vor rund 300 Jahren wohl gelebt haben müssen. Sie heißt „Village Huron" oder auch „ONHOÜA CHETEK8E" und ist das ganze Jahr für interessierte Besucher geöffnet. Es gibt eine sehr aufschlussreiche Führung von einem der Einwohner, der natürlich authentische Lederkleidung trägt. Man kann die Langhäuser besichtigen, bekommt einen Eindruck von den damaligen Lebensgewohnheiten und dem sozialen Gefüge sowie von der Kunstfertigkeit der Indianer. Man lernt, dass Schneeschuhe, Pfeil und Bogen, Dampfbad, Ahornsirup sowie das Kanu eigentlich indianische Erfindungen sind. Auch ein Restaurant ist auf dem Gelände hinter Palisaden stilvoll eingerichtet, wo man, inspiriert von indianischen Geschmäckern und Gebräuchen, ein komplettes Menü versuchen kann. Nicht zu vergessen, der reich ausgestattete Souvenir-Shop, der Kunsthandwerk aller Art anbietet und das ganz ohne die übliche Verkaufssteuer. Denn die First Nations haben sich davon befreien lassen.

In den Sommermonaten finden kulturelle Veranstaltungen wie Konzerte, Tanz-Shows und Theaterstücke statt, die im eigens dafür neu erbauten Freilufttheater gezeigt werden. Das größte Fest jedoch, auch Pow-Wow genannt, wird jedes Jahr Ende Juli auf dem großen Versammlungsplatz ausgerichtet (siehe Fotoseite 2). Dazu kommen verschiedene Vertreter von Indianerstämmen aus ganz Kanada zusammen und feiern drei Tage und Nächte bei Lagerfeuer, Trommeln, Tanz und traditionellem Gesang. Ein sehr buntes Spektakel, das von einem Wettbewerb für den besten Tänzer im schönsten Kostüm begleitet wird und welches Touristen wie magisch anzieht. Man kann aber auch kunsthandwerklich ausgesprochen schöne Souvenirs erstehen, an Workshops aller Art teilnehmen und natürlich die traditionelle, indianische Küche kennen lernen. Ein wirklich fantastisches Erlebnis für die ganze Familie.

Ein weiteres Highlight ist ohne Zweifel das Vier-Sterne-Hotel „Hôtel-Musée Premier Nations". Die Initiative dazu kam von keinem Geringeren als Max Gros-Louis, der es für 16 Millionen Dollar bauen ließ und am 8. März 2008 einweihte – pünktlich zum 400-jährigen Gründungsjubiläum der Stadt Québec. „Zeitgenössisch und verankert in der Tradition" betitelte eine der großen lokalen Tageszeitungen das repräsentative Bauwerk, das in seinen Bauformen an die bewährten Langhäuser sowie an ein Tipi-Zelt erinnert. Das Hotel besteht aus dem Gästetrakt sowie einer angeschlossenen Museumshalle, die die Geschichte der Wendat erzählt. Einschließlich des originell ausgestatteten Eingangsbereiches wurden alle 55 Zimmer und Suiten ausschließlich nach dem Verlauf der Sonne ausgerichtet, deshalb haben die Architekten an der gesamten Nordseite des Gebäudes keine Fenster vorgesehen. Eine gelungene Mischung aus modernster Architektur und indianischen Insignien unter Zuhilfenahme naturbelassener Bauelemente machen den ganz eigenen Charme des am Fluss „Akiawenrahk" sehr schön gelegenen Hotels aus. Nicht zu vergessen das Spitzenrestaurant des Hauses, das die Reise zu seinen indianischen Wurzeln auch auf höchstem kulinarischen Niveau abrundet.

Alles in allem ist Wendake einen Besuch wert, wie ich finde, und man wird noch lange danach an die ganz eigene Atmosphäre dieses Indianer-Dorfes denken müssen, dessen Einwohner die Integration in die heutige Zeit so bravurös vollzogen haben.

Eine Stadt steht Kopf –
Le Festival d'été de Québec international

Es ist tatsächlich das bedeutendste Open-Air-Musikfestival in Kanada. Immer Anfang Juli kann man über 300 Livekonzerte im Verlauf von elf Tagen zum Einheitspreis von nur 65 EUR (!) anschauen – von ganz kleinen bis hin zu ganz großen Bands fast aller Stilrichtungen – das alles auf zehn Bühnen in Clubs, Theatern und öffentlichen Parks der Stadt. Mir ist es gelungen, Daniel Gélinas, den gut beschäftigten Generaldirektor des Festivals zu einem Exklusiv-Interview zu bewegen.

Als ich das Festival das erste Mal besuchte, hatte ich schon eine vage Ahnung davon, dass diese Veranstaltung etwas ganz Außergewöhnliches ist. Es war 2004 an einem herrlich warmen Julitag. Wir schauten uns das Konzert der berühmten Oumou Sangaré an, einer Sängerin aus Mali. Die gesamte Oberstadt von Québec war voller Leute, an jeder Ecke gab es irgendein Spektakel, die Straßen waren großräumig für die Fußgänger abgesperrt und die öffentlichen Busse fuhren Sonderschichten. Dieses Erlebnis ließ mich nicht mehr los und nach meinem Umzug nach Québec im Jahr 2007 sollte der Besuch des „Festival d'été" („Sommerfest") einen jährlichen Höhepunkt bilden.

Es war 1968, als sich sieben Theaterkünstler mit einer Gruppe passionierter Geschäftsleute zusammenfanden, um ein alle Jahre wiederkehrendes Sommerfest in Québec aufzuziehen. Die Idee war, öffentliche Plätze der Stadt mit Tanz, Theater, Musik und Chanson, vor allem jedoch mit lokalen Künstlern zu beleben und das drei Wochen lang. Vierzig Jahre später, also 2008, konnte das mittlerweile umgestaltete Organisationskomitee einen Rekord von rund 1,2 Millionen Besuchern registrieren. Auf Grund seines hochkarätigen Programms, dem immensen Besucherandrang mit jeweils 150.000 verkauften Tickets steht das Festival heute auf einer Linie mit den wichtigsten Musikfestivals in Europa und ganz Amerika.

Highlights im Verlauf von 30 Jahren

Das Festival findet im Jahr 2016 bereits zum 49. Mal statt. Die Musikgruppen, die bislang auf dem Festival aufgetreten sind, lesen sich wie das Who-is-Who der jüngeren Geschichte populärer Musik. Die bekanntesten sind Iron Maiden, Sting, Charles Aznavour, Kiss, ZZ-Top, Billy Talent, Rick Wakeman, Nickelback, Bruno Mars, Plácido Domingo, Foreigner, Helmut Loti, John Mayall, Scorpions, Jon Anderson von

Yes, Rush, The Cat Empire, Jeff Beck, Van Halen, Carlos Santana, Bon Jovi, Aerosmith, Johnny Hallyday, Lionel Richie, Francis Cabrel, Simple Plan, Metallica, Elton John, The Black Eyed Peas, Rammstein, Deep Purple, Stevie Wonder, The Rolling Stones und viele Andere. Ich habe hier nur die sogenannten „Headliners" aufgezählt, also die international bekanntesten Stars, denn auf dem Festival wird für die ganze Familie und für alle Altersgruppen etwas geboten: Straßenkünstler aller Kategorien, Kindertheater, Weltmusik aller Kontinente, Tanztheater, Chanson und seit Kurzem elektronische Musik wie Techno und Rave.

Im Verlauf meines Interviews konnte ich zehn Fragen an Daniel Gélinas stellen, Generaldirektor des „Festival d'été de Québec international".

Monsieur Gélinas, erste Frage: spielen Sie ein Instrument?
Ich kenne diese Frage nur zu gut. Ich war zwar 10 Jahre Generaldirektor des städtischen Symphonieorchesters von Trois-Rivières, jedoch muss ich Ihre Frage mit ‚nein' beantworten. Oft werden ja ehemalige Orchestermusiker dazu weiterverwendet, ein Orchester zu managen, was, wie ich finde, nicht immer eine gute Entscheidung ist. In meinem Falle ist es jedenfalls so: Ich singe nicht, da ich ausgesprochen falsch singe. Ich spiele keinerlei Instrument und ich kann auch keine Partituren lesen. Aber über das Produkt Musik, sozusagen das ‚klingende Resultat', also über die technische Seite weiß ich dafür bestens Bescheid. Darauf habe ich mich bei meiner Arbeit immer konzentriert. Nichtsdestoweniger würde ich es ziemlich ‚cool' finden, wenn ich wenigstens ein paar Gitarrenriffs zum Besten geben könnte (lacht)!

Wie kamen Sie eigentlich zu diesem, wie ich finde, herrlich aufregenden Posten?
Ich habe 2002 beim Festival angefangen. Zwischenzeitlich wurde ich ein Jahr zum Präsident des Organisationskomitees für das 400. Gründungsjubiläum der Stadt Québec berufen. Das war im Januar 2008. Die Situation damals war ziemlich turbulent, man könnte auch sagen, ich hatte die Aufgabe, ein fast sinkendes Schiff vor dem Untergang zu bewahren. Die damaligen Verantwortlichen des Komitees

hatten große Schwierigkeiten mit den Finanzen und der Organisation. Dazu kam, dass kurz zuvor die langjährige Bürgermeisterin der Stadt völlig unerwartet verstarb. Im Dezember 2007 musste somit ein neuer Bürgermeister gewählt werden, der gleichzeitig Vorstand des Verwaltungsrates des Festival d'été war, diese Position dann aber aus Zeitmangel aufgeben musste. Alles in allem ist es mir gelungen, das Ruder noch rechtzeitig herumzureißen und die 400-Jahrfeier zu einem viel beachteten Erfolg zu führen. Im Dezember des gleichen Jahres bin ich zurück zu meinem Posten beim ‚Festival d'été‘, meinem geliebten Kind.

Was war bislang Ihr größter Erfolg als Generaldirektor des ‚Festival d'été de Québec‘?

Das kann ich Ihnen ganz klar beantworten: Das erste Mal, als wir 150.000 Eintrittskarten verkauft haben, das war für mich wirklich einer der großen Momente. Genauer gesagt, 60.000 Tickets gingen in knapp zwei Tagen im Vorverkauf über den Tisch und 90.000 Tickets verkauften wir an der Tageskasse. Das war im Jahr 2010. Wir waren damit sozusagen ausverkauft, denn unsere Kapazitäten waren damit fast vollständig ausgeschöpft. Der Grund war simpel: unsere hohe Qualität in der Programmgestaltung mit Künstlern von internationalem Renommee wie Carlos Santana, The Black Eyed Peas, Iron Maiden, Rammstein, Rush, Arcade Fire und Roger Hodgson, dem Sänger von Supertramp, welche uns in jenem Sommer zur Verfügung standen. Natürlich waren das alles Gruppen der Kategorie Rock-Klassik und das Programm war nicht so ganz ausgeglichen, wie es sein sollte. Nicht zu vergessen – wir hatten die technischen Kapazitäten, die Unterbringungsmöglichkeiten sowie die finanziellen Mittel, um all das zu realisieren. Letztendlich war es einfach ein fantastisch gutes Jahr.

Was meine Leser in Deutschland interessieren dürfte: Die Skorpions waren 2006 und Rammstein 2010 auf dem Festival vertreten. Was war anders, als bei Bands desselben Kalibers?

In Bezug auf den geschäftlichen Kontakt waren die Abläufe genau dieselben, wie bei allen anderen Künstlern. Wissen Sie, wir haben mit den Musikern selbst keinerlei persönlichen Kontakt, da läuft alles über Agenturen oder über das Management der Gruppen. Eigentlich gibt es auch keinen Grund, mit den Künstlern selbst zu sprechen oder sie gar zu treffen. Meistens verschwinden sie unmittelbar nach dem Konzert ins Hotel oder werden zum Flughafen gebracht. Diese Leute sind ja so unglaublich abgeschirmt von jeglichen, man könnte sagen, störenden Begegnungen mit der Außenwelt. Das zu respektieren gehört meines Erachtens zum professionellen Auftreten eines Organisators.

Ich erinnere mich jedoch gut, dass beim Konzert der Skorpions die Stimmung ganz hervorragend war. Unser Publikum bot Ihnen einen rauschenden Empfang. Sie spielten am Ende, glaube ich, sechs oder sieben Zugaben. Die wollten gar nicht mehr von der Bühne runter. Den Sänger und einen der beiden Gitarristen traf ich persönlich beim Pressetermin am Nachmittag – sehr nette Leute.

Bei Rammstein hatte ich den Eindruck von hervorragend organisierten Deutschen. Sie gaben auch mehrere Interviews hinter der Bühne und wir mussten Übersetzer besorgen, denn sie wollten nur in ihrer Muttersprache antworten. Aber ihre Show ist ja stark. Ich würde sagen, die funktioniert mit der Präzision eines Mercedes! Bei meinem Besuch am Nachmittag auf der Bühne konnte ich mich selbst beim Test ihrer pyrotechnischen Ausrüstung überzeugen. Das ist ja eine grandiose Maschinerie. Die Band ist dann noch einige Tage in der Stadt geblieben, ich glaube, sie hatten keine weiteren Auftritte in Kanada geplant. Es stand dann in der lokalen Presse, dass Till Lindemann, der Sänger, sich Jagdausrüstung in der Stadt besorgt hatte, um dann einige Tage im Norden der Provinz beim Jagen zu verbringen.

Es kursieren so viele Zahlen zu den Finanzen des Festivals. Wie hoch genau ist das Budget, das Sie verantworten?
Als ich 2002 zum ‚Festival d'été' gestoßen bin, hatten wir ein Budget von 6 Millionen Dollar und außerdem 8 Festangestellte. Heute beläuft sich unser jährliches Budget auf 22 Millionen Dollar mit einer Mannschaft von 40 festangestellten Mitarbeitern. Im Verlauf der zehn Festivaltage stocken wir dazu unsere Mannschaft bis auf insgesamt 500 Leute auf.

Aber unser Haus kümmert sich ja noch um viel mehr Dinge als

nur um das Festival d'été. Zu diesem Zweck haben wir eine zweite Firma gegründet, die 3E-Trois-Événements Damit kümmern wir uns um Projekte wie Veranstaltungen, Ausstellungen oder Konzerte, wie zum Beispiel Roger Waters oder Paul McCartney. Im Gebäude der 400-Jahrfeier zum Stadtjubiläum Québecs veranstalten wir Ausstellungen wie Bodies (Anm. nordamerikanische Version von Gunther von Hagens präparierten Menschenkörpern) oder Titanic. Wir organisieren Konzerte in der Open-Air-Bühne Agora am Hafen wie mit Zappa plays Zappa oder das Weinfest Bordeaux fête le vin à Québec. Das machen wir mit der gleichen Mannschaft vom Festival d'été – mit einem Budget von noch einmal 10 Millionen Dollar pro Jahr.

Im Jahr 2010 wurde Ihnen vorgeworfen, zu viele anglophone Künstler engagiert zu haben?

Ja, das ist in Québec immer ein neuralgischer Punkt und wird von der hiesigen Presse gerne zum politischen Thema gemacht. Oder kennen Sie aus Deutschland ähnliche Diskussionen über die Sprache musikalischer Darbietungen? Wie ich bereits sagte: Anfangs war das Festival d'été ein rein frankophones Spektakel und die Künstler wurden ausschließlich aus unserer Provinz sowie der französisch sprechenden Welt rekrutiert. Mittlerweile wollen wir dem Publikum aber das ganze Spektrum der aktuellen Musik bieten. Dazu laden wir Künstler aus allen Ländern und Kontinenten ein, natürlich inklusive der frankophonen Gemeinde. Wir sind ein internationales Musikfestival – und nicht das in Montréal stattfindende Francofolies mit ausschließlich französisch sprechenden Künstlern. Im Grunde ist es eine Scheindebatte ohne jede Relevanz für die Praxis! Wie bereits erwähnt – in 2010 hatten wir einfach nur das Glück, dass einige Künstler, mit denen wir schon lange in Kontakt standen, gleichzeitig in Nordamerika unterwegs waren und uns damit für die Programmgestaltung zur Verfügung standen.

Was hat Sie motiviert, seit Sommer 2014 mehr Techno-Musik ins Programm aufzunehmen?

Die elektronische Musik ist ja bereits seit über zehn Jahren am Laufen. Jedoch in den vergangenen zwei bis drei Jahren hat sie sich ihren Platz im Musikgeschäft erst so richtig erobert. Sogar etablierte Bands bedienen sich mittlerweile an Techno-Elementen in ihrer eigenen Musik. Ich nenne nur mal The Black Eyed Peas. Somit konnte sich dieser Musikstil in traditionelle Hörgewohnheiten integrieren, wurde gleichzeitig bekannter und so besser wahrgenommen. Es gibt ja in Europa bereits seit längerem reine Techno-Festivals. Also sind auch wir dieser Tendenz gefolgt und haben der elektronischen Musik mehr Platz in unserer Programmgestaltung eingeräumt. 2012 begannen wir mit Skrillex, einem Newcomer aus Los Angeles, im darauf folgenden Jahr konnten wir dann Stars wie Tïesto aus den Niederlanden und Bassnectar aus den USA gewinnen.

Wie funktioniert genau die Auswahl der Künstler für das Festival?

Hauptverantwortlicher ist unser Programmdirektor, mein Kollege Louis Bellavance, der zusammen mit seinem Musikredakteur für diese Aufgabe zuständig ist. Dazu kommt ein Programmgestalter, der für Straßenkünstler und Kleinkunst etc. verantwortlich ist. Sie müssen wissen, im Wesentlichen stützt sich unsere Auswahl auf folgende Grundprinzipien: Ausgewogenheit der musikalischen Stilrichtungen, Vielfalt der künstlerischen Ausdrucksweise, Aufnahmevermögen großer Stars und Berücksichtigung der Altersstruktur des Publikums. Wir haben ja drei große Open-Air-Bühnen zur Verfügung, die für jedes Fassungsvermögen geeignet sind. Auf den „Plaines d'Abraham" beispielsweise (Anm. Stadtpark von Québec mit 44 ha Fläche) können wir spielend über 120.000 Leute aufnehmen. Bei ‚Rammstein', den ‚The Black Eyed Peas' und ich glaube bei ‚Charles Aznavour' haben wir diese Zahl erreicht. Dazu kommt, dass wir die Auftritte so verteilen, dass sich keine Konkurrenzsituation ergibt. Will heißen, wir bieten nicht dieselbe Stilrichtung zur selben Uhrzeit auf zwei oder drei Bühnen an. Unser erklärtes Ziel ist es, jedem Geschmack gerecht zu werden, was nicht immer leicht ist.

Auf welchem Rang steht das ‚Festival d'été de Québec' weltweit?

Wir hatten immer das Problem, dass unsere Partner, also die ganz großen Künstleragenturen in Nordamerika nicht einmal wussten, wo die Stadt Québec denn genau liegt. Sie meinten oft, wir liegen ganz im

Norden des Kontinents, Nähe James Bay oder so (Anm. liegt knapp unter dem Nordpolarkreis!). Ich musste oft sagen: Gehen sie doch mal auf Google Maps und sie werden uns finden. Es ist ja tatsächlich so, dass wir auf der Landkarte am Ende des Autobahnnetzes im Osten unseres Landes liegen.

Somit haben wir uns erst in den letzten Jahren einen internationalen Namen gemacht, vor allem jedoch mit Unterstützung der Künstler und deren Management, die auf unser Festival kamen, es kennen gelernt und für gut befunden haben. Darüber hinaus haben wir in der bedeutendsten Zeitschrift unseres Metiers in Nordamerika, sie heißt Polestar, zurzeit mehrere Veröffentlichungen. Ganz sicher sind wir die wichtigste Musikveranstaltung von ganz Kanada, da gibt es kein Äquivalent. Selbst wenn Sie sich den nordamerikanischen Kontinent anschauen, stehen wir bestimmt unter den ersten fünf oder zehn Plätzen. Aber wir arbeiten weiterhin hart daran, beim internationalen Publikum noch bekannter zu werden. Sehen Sie, wenn wir in der Nähe von San Francisco oder einer vergleichbaren Metropole liegen würden, hätten wir schon alleine den Vorteil der Bekanntheit. Aber wir hier in Québec sind ja nur ein kleines, gallisches Dorf! (lacht)

Haben Sie einen persönlichen Traum, den Sie noch verwirklichen wollen?

Wenn Sie mich so fragen: Eigentlich kann ich mit Fug und Recht behaupten, im Verlauf der letzten 12 Jahre all das realisiert zu haben, was ich als Generaldirektor des Festivals d'été de Québec erreichen wollte. Was ich mir bei meinem Antritt 2002 erträumt hatte, ist bis heute tatsächlich eingetreten. Das Festival sollte die bedeutendste Veranstaltung für populäre Musik in Kanada werden! Auf dem errichteten Niveau ist es schwer, noch mehr zu bieten. Was wir nun tun müssen, ist, die Kontinuität zu bewahren.

Aber da ihr Buch ja in Deutschland erscheint, kann ich Ihnen – ganz im Vertrauen – sagen, was mein ganz persönlicher Traum wäre. Bei einem Journalisten aus Québec ginge das nicht, denn er würde mich alle vier Wochen anrufen und mich fragen, wann ich endlich meinen Traum realisiere!

Also, es wäre folgendes: Ich würde gerne die fünf Bandmitglieder der Gruppe Genesis zu einer Wiedervereinigung bewegen und in Originalbesetzung bei uns auftreten lassen. Ich weiß zum Beispiel von Steve Hackett, dem Gitarristen, der 2010 als Solokünstler bei uns spielte, dass er bereit dazu wäre.

Das Problem ist: Es gibt zwei „Karrieren" von Genesis. Die erste mit Peter Gabriel und die zweite mit Phil Collins als Leadsänger (Anm.: seit 1975). Nach seiner Trennung von der Gruppe hat Peter Gabriel nie mehr Songs von „Genesis" live aufgeführt. Leider hatte ich keine Gelegenheit, mit Peter Gabriel zu sprechen, als er im September 2012 ein Konzert in unserer Stadt gab. Ich weiß aber, dass sich die ganze Band 2004 schon mal getroffen hatte, um eine Tournee zu planen. Es galt jedoch die Frage zu klären, was die Truppe bei einer Wiedervereinigung aufführen sollte – die Stücke aus der ersten oder aus der zweiten Karriere der Band. Ja, das wäre wirklich mein Traum!

Monsieur Gélinas, Merci beaucoup für das Gespräch!

Architektur Kanadas – zwischen zeitgenössisch und traditionell

Mein geliebtes Land ist ein Schmelztiegel von Kulturen aus der ganzen Welt, was sich besonders eindrucksvoll und sichtbar in den unterschiedlichsten Baustilen bemerkbar macht. Hier sind die Resultate meiner ganz subjektiven Beobachtungen der kanadischen Architektur zwischen ultramodern und konservativ – in Vancouver, Calgary, Montréal, Ottawa und Québec.

Schon an anderer Stelle dieses Buches habe ich die Geschichte einiger der bekanntesten Städte Kanadas kurz angerissen, deren Namen oftmals aus der Sprache der Ureinwohner Kanadas stammen. (siehe Kapitel I). In diesem Kapitel möchte ich mich nun mehr auf das Element konzentrieren, das ein Land mit seinen Städten im Wesentlichen ausmacht, nämlich seine Architektur. Dazu, finde ich, ist es notwendig, das Thema von allen Seiten zu beleuchten.

Architektur, was ist das eigentlich?

Das Wort Architektur kommt ursprünglich vom Lateinischen „architectura", das übersetzt soviel wie Baukunst bedeutet. Das planvolle Entwerfen, das individuelle und fantasievolle Gestalten und schließlich das tatsächliche Konstruieren, also die Verwirklichung von Bauwerken sind die elementaren Inhalte der Architektur. Über Jahrhunderte hinweg wurde die Architektur im Wesentlichen als „Das (Auf) Bauen" schlechthin verstanden und somit etwas unterbewertet. Ich möchte jedoch soweit gehen, dass Architektur durch ihre besondere gestalterische Qualität über die Herstellung einfacher Zweckbauten, die lediglich einem maximalen Nutzen verpflichtet sind, stark hinausgeht und damit zu einer eigenen Kunstform erhoben werden kann! Denn wer kennt sie nicht, die weltbekannten Bauwerke, wie das Kolosseum in Rom, das Opernhaus in Sydney, den Kubus von „La Défense" in Paris, das Brandenburger Tor in Berlin, das Parlament in London oder seit einiger Zeit die „Gurke", der Swiss Re Tower? Aber auch die Pyramiden von Gizeh in Ägypten oder von Yucatan in Mexiko, das Taj Mahal in Indien, den Potala-Palast mitten im Himalaya oder die Große Mauer in China? Sie alle haben ein Merkmal gemeinsam: ihre herausragende, gestalterische Qualität, die von ihren Architekten entwickelt wurde.

Meine Beobachtungen in Kanada

Die bekanntesten Beispiele hier sind sicher der CN-Tower in Toronto, der an sechster Stelle der höchsten Gebäude der Welt steht. Dann das Parlamentsgebäude in Ottawa sowie das Wahrzeichen der Stadt Québec, das Château Frontenac. Eventuell noch den First Canadian Place, ein Wolkenkratzer fertiggestellt 1975 im Finanzviertel von Toronto. Aber es geht nicht nur um Superlative. Die Architektur in Kanada ist ausgesprochen vielfältig und ich hatte die Gelegenheit, einigen der wichtigsten Städte des riesigen Landes einen Besuch abzustatten.

Die grüne Stadt

Fangen wir an mit Vancouver, die viel besungene „Perle am Pazifik". Dort konnte ich am Coal Harbour, einem Ende der 90er Jahre erschlossenen In-Viertel, die für meine Begriffe schönsten Hochhausbauten antreffen, die ich bislang in Kanada gesehen habe. Direkt mit Blick auf die Meeresbucht und den Stanley-Park wurden an der Uferpromenade rund vierzig Gebäude für Eigentumswohnungen errichtet, alle um die dreißig Etagen hoch und mit Südbalkon. Umgeben sind sie von Restaurants mit vielen Grünanlagen und diversen Einkaufsmöglichkeiten. Es war offensichtlich, dass dieser neue Stadtteil wirklich zum Wohnen genutzt wird, da einige Bewohner auf Gardinen ganz verzichten. So kann man gut das Innere der Wohnungen erkennen.

Im Zentrum der Stadt, wo sich das Geschäftsleben in Bürotürmen abspielt, findet man dieselbe Glasarchitektur, wie in anderen Großstädten Kanadas, angeordnet zwischen rechtwinklig aufeinander treffenden Straßen – nichts Besonderes also. Eine historische Altstadt gibt es nicht. Entfernt man sich jedoch ein wenig aus der City, findet man eine unglaublich variationsreiche Siedlungsarchitektur bei den Ein- und Mehrfamilienhäusern: Holzschindeldächer, Backsteinfassaden; barock anmutende Dachgauben und lang gestreckte, überdachte Freiterrassen; an deutsches Fachwerk erinnernde oder weiß gestrichene viktorianische Zierelemente; alle nur erdenklichen Farbtöne für den Fassadenanstrich sowie Fensterformen und Dachneigungen ohne Limit. Ein Wirrwarr, könnte man meinen – aber nein: Trotz der formen- und farbenreichen Vielfalt fügt sich alles zu einem harmonischen Ganzen, aufgelockert durch viel innerstädtische Vegetation. Und nur wenige wissen, dass in dieser grünen Stadt Vancouver die heute wohlbekannte Umweltorganisation Greenpeace 1971 ihren Anfang nahm.

Wo Cowboys in Kanada leben – Calgary

Bei unserer Fahrt vom Flughafen ins Stadtzentrum habe ich den Eindruck einer extrem weitläufig angelegten Stadtplanung. Gebäude liegen weit verstreut zwischen immens ausgedehnten Grünflächen und Feldern, die Hauptstraßen sind mehrspurig mit großzügiger Kurvenführung und die Entfernungen sind gewöhnungsbedürftig weit. Hinzu kommt, dass die Topografie absolut flach ist. Wir befinden uns nämlich in der berühmt-berüchtigten Prärieregion Kanadas, den Plaines. Wir wohnen in Kensington, einem typisch kanadischen Wohngebiet mit ein- und zweigeschossigen Giebelhäusern, die sich wie bunte Perlen rechts und links der breiten Straßen aufreihen. Das nette Viertel liegt nur einen kurzen Spaziergang von der City entfernt, die man über die im Stile europäischer Brückenarchitektur gehaltene Louise-Bridge erreicht, die den Bow River in mehreren Bögen überspannt. Direkt neben dieser Brücke wurde eine weitere gebaut – mit einer Trasse für die Straßenbahn und einer zweiten darunter für Fahrradfahrer und Fußgänger. Die vielen ultramodernen und hohen Glaspaläste des Stadtzentrums sind charakteristisch für eine kanadische Metropole mit etwas über 1,2 Millionen Einwohnern – viele davon promenieren mit Cowboyhut. Hier haben rund 400 Unternehmen der Petroindustrie ihren Hauptsitz, denn Alberta besitzt die größten Vorkommen an Ölsanden auf dem Kontinent. So gestaltet sich Down-Town Calgary wie ein Klein-Manhattan und man sieht deutlich, dass hier genug Geld vorhanden sein muss.

Heimliche Franko-Hauptstadt außerhalb Frankreichs

Ganz im Gegensatz dazu steht die Millionenmetropole Montréal, deren City auf einer 499 km² großen Insel mitten im Sankt-Lorenz-Strom liegt. Als heimliche Hauptstadt der größten, kanadischen Provinz mit insgesamt gut 3,8 Millionen Einwohnern ist sie durch ihren frankophonen Charme gekennzeichnet. Man bemerkt dies als Besucher sofort: Beginnt man die Konversation auf Englisch, so bekommt man eine Antwort auf Englisch. Begrüßt man sein Gegenüber jedoch mit „Bonjour!", so erhält man seine Antwort auf Französisch. Dieses Phänomen habe ich in der gesamten Stadt erlebt – überrraschend, wird sie doch als bedeutendste, frankophone Ansiedlung außerhalb Frankreichs gehandelt.

Auch in Montréal ist die City von vielen Bürotürmen in zeitgenössischer Architektur gekennzeichnet. Bedenkt man nur, dass mehr als 60 internationale Organisationen, große Medienunternehmen und bedeutende Finanzdienstleister ihren Hauptsitz in Montréal haben (siehe Fotoseite 3). Diese Zweckbauten haben jedoch nur geringen Anteil am Stadtpanorama, sieht man vom Olympiastadion einmal ab. Entfernt man sich von der Rue Sainte-Catherine und der Rue Sherbrooke, den Hauptschlagadern, so wird man eine herrliche britisch-viktorianische Wohnhausarchitektur kennenlernen: mit schmiedeeisernen Freitreppen bis in die zweite Etage, mit netten Giebel-Dachgauben, mit Natursteinfassaden in allen Tönen und vielen, neoklassizistischen Schmuckelementen (siehe Fotoseite 10). Die Stadt wurde bis zur Mitte des vorigen Jahrhunderts wirtschaftlich von britisch-stämmigen Bewohnern beherrscht, deren Domizile heute noch einige Stadtviertel prägen. Schon das Gründungsdatum der Stadt, 1642, sagt vieles zur Bausubstanz aus: Die historische Altstadt mit dem Kuppelbau des Marché du Bonsécours von 1844 (siehe Fotoseite 7) und dem Château Ramezay von 1705, das herrliche Rathaus im Empire-Stil, die Kathedrale Notre Dame de Montréal von 1824 und der alte Hafen Vieux-Port sind sind Beispiele für eine Stadtarchitektur, die den übrigen Großstädten Kanadas fast gänzlich fehlt. Sogar Überreste der Stadtmauern sind noch erhalten.

Unschuld verloren?

Kommen wir zur eigentlichen Hauptstadt und zum kanadischen Regierungssitz Ottawa, was im Wortschatz der Algonkin-Sprachfamilie so viel wie „ein Platz, um zu handeln" bedeutet. Für eine Hauptstadt ist sie relativ jung. Sie wurde erst 1857 von Königin Victoria von England als Hauptstadt auserwählt und zehn Jahre später als solche konstituiert. Zuvor trug die Stadt zu Ehren des Colonel John By, des Erbauers des Rideau-Kanales, 28 Jahre lang den Namen Bytown. Völlig im Gegensatz zu Toronto und Montréal dominieren nur wenige Hochhausbauten das Stadtbild Ottawas, was der Stadt mit ihren knapp 1,2 Millionen Einwohnern einen besonderen Reiz ver-

leiht. Das altehrwürdigste Bauwerk ist das majestätische Parlamentsgebäude mit seiner herrlichen Bibliothek – beide in neogotischem Stil
(siehe Fotoseiten 1 und 7) und, nur wenige Schritte entfernt, das Vier-
Sterne-Hotel Château Laurier sowie der Oberste Gerichtshof.

Ich hatte den Eindruck, dass man Ottawa ohne Mühe zu Fuß
erkunden kann. Denn durch die niedrige Bauweise der meisten
Gebäude fühlt man sich eher in einem großen Dorf als in einer
Kapitale. Das in seinen Ausmaßen bescheidene Geschäftszentrum
mit Fußgängerzone liegt unweit des Rideau-Kanales, des Parlaments
und des Ottawa-Flusses (Franz. Outaouais, sprich „Utawuäh"), der
historische Byward Market ebenso. Geht man über die Pont Alex-
andra, vorbei an der kanadischen Nationalgalerie mit ihrem weit-
hin sichtbaren Glaskuppelbau auf die andere Flussseite, so ist man
schon im Musée Canadien de l'Histoire. Das direkt daneben liegende
Musée de la Civilisation hat mich mit seiner organischen Architektur, runden Dachkonstruktionen und warmen Erdtönen besonders
beeindruckt.

Wie schon erwähnt, die in Kanada allgegenwärtigen Hochhaus-
schluchten der größeren Städte findet man in Ottawa nicht. Dafür
gibt es schöne Wohnviertel mit alter, gut gepflegter Bausubstanz von
Ein- und Zweifamilienhäusern wie im herrlich gelegenen Villenviertel
von Rockcliffe-Park oder in New Edinburg sowie auch in Lower Town
und in Sandy Hill. Vom Aussichtsturm des Parlamentsgebäudes kann
man die Stadtgestaltung hervorragend studieren und erblickt eine
Ansammlung von Gebäuden inmitten kanadischer Waldlandschaft.
Ich forsche nach: Erst vor 15 Jahren, 2001, wurde das damals rund
350.000 Einwohner zählende Ottawa mit den Vorstädten Nepean,
Kanata, Gloucester, Rockcliffe Park, Vanier und Cumberland sowie
den Gemeinden West Carleton, Osgoode, Rideau und Goulbourn
verschmolzen.

Im Oktober 2014 stand Ottawa im Zentrum der gesamten Welt-
presse, als ein schwer bewaffneter Mann gegen zehn Uhr morgens in
das Parlament eindrang und, nachdem er einen Wachsoldaten getötet
hatte, von den Sicherheitskräften erschossen wurde. Somit hat auch
diese einst so beschauliche Metropole ihre Unschuld verloren!

Québec - die Schöne und Älteste

Last but not least – Québec, seit 2007 meine neue Heimatstadt: das Schmuckstück, die Schöne, UNESCO-geadelt, ihre Stadtmauer, die gewaltige Zitadelle, ihre Wehrtürme, der riesige Stadtpark mit Blick auf den Sankt-Lorenz-Strom, ihr Parlament und ihre für kanadische Verhältnisse einzigartige historische Altstadt.

Am 3. Juli 1608 gründete der französische Seefahrer Samuel de Champlain an der engsten Stelle des Stromes einen kleinen Handelsposten, aus dem sich die spätere Stadt entwickelte. Dieses Datum wird jedes Jahr mit großem Pomp gefeiert, das 400ste Jubiläum war genau ein Jahr nach meiner Ankunft in Kanada. Es war hier ein Jahr wie im Tollhaus, eine Festivität folgte der anderen – 365 Tage lang.

Québec wird zur besseren Unterscheidung zur gleichnamigen Provinz auch Ville de Québec genannt und ist die Hauptstadt der frankophonen Provinz. Ja, man sollte hier im täglichen Leben unbedingt Französisch sprechen, denn man ist sehr stolz darauf, anders zu sein (siehe Kapitel II, Weltkultur trotz Dialekt).

Die Architektur der Altstadt ist geprägt von historischer Bausubstanz, die dank persönlichem Einlenken des ehemaligen Generalgouverneurs, des Earl of Dufferin, erhalten wurde. Man hatte ärgerlicherweise schon damit begonnen, die Stadtmauern abzutragen. Die Freiterrasse vor dem Vier-Sterne-Hotel Château Frontenac, dem Wahrzeichen der Stadt, trägt seinen Namen. Heute ist man froh darum, denn all dies zieht pro Jahr bis zu 3 Millionen Touristen aus der ganzen Welt an. Unzählige Gassen mit Kopfsteinpflaster und Sträßchen mit Häusern aus den Anfängen der französischen Kolonie, sämtlich aus grauem Felsstein gemauert, zuweilen mit Zinkblech gedeckt und mit Sprossenfenstern versehen, erinnern an die alte Zeit. Leider wurde die Altstadt zwischen 1929 und 1931 von der schwerreichen Papierdynastie der Price Brothers schon einmal verunstaltet, als sie dort mit einem 18-stöckigen Büroturm, dem Édifice Price ihren Hauptsitz errichten durfte. Die Ironie an der Sache: seit 2001 dienen die beiden obersten Stockwerke als offizielle Residenz des Premierministers unserer Provinzregierung (siehe Fotoseite 14). Das Parlamentsgebäude thront würdevoll oberhalb der Altstadt, erbaut von 1877 bis 1886 im

Stil der Neorenaissance nach Vorbild des Louvre in Paris. Aber selbst eine Stadt wie Québec kommt nicht um ihre siebziger-Jahre Bausünden herum. Das mit 31 Etagen alles überragende Édifice Marie-Guyart bestimmt die Silhouette der Oberstadt, natürlich erbaut in Sichtbeton. Vom obersten Stockwerk des höchsten Gebäudes der Stadt hat man einen atemberaubenden Blick. Schräg gegenüber liegt das Verwaltungsgebäude der Regierung, ebenfalls in Sichtbeton. Des Weiteren das Grand Théâtre de Québec, direkt gegenüber dem Place de la Capitale, einem Bankengebäude, das mich mit seiner Modulfassade stark an das ehemalige World Trade Center erinnert. All dies steht nur wenige Kilometer auseinander. Somit beherbergt das restliche Stadtgebiet mit seinen 454,1 Quadratkilometern nur eingeschossige Wohnhäuser, soweit das Auge reicht. Und die architektonische Vielfalt ist ebenso außerordentlich wie in den bereits beschriebenen kanadischen Großstädten. Ab und zu stören nur die oberirdischen Strom- und Telefonkabel, die wie Spinnennetze überall gespannt sind.

Doch die Stadtverwaltung geht mit der Zeit und so wird jedes Jahr ein Publikumspreis ausgelobt, der die beste Architektur prämiert. Ich muss sagen, es ist immer überraschend Gutes dabei! Der aktuelle Coup in Québec ist die noch im Bau befindliche, hypermoderne Nationalgalerie für zeitgenössische Kunst, wo ich mit Marie seit Kurzem Mitglied bin. Sie wurde entworfen von einer holländischen Architektengruppe aus Rotterdam und soll, trotz mehrfacher Verzögerung, im Frühjahr 2016 fertiggestellt sein. Außerdem eine rund 290 Millionen Euro teure Vielzweck-Sporthalle, die in Dimension und Aussehen der Allianz-Arena in München gleichkommt (siehe Fotoseite 8). Die Einweihung war mit großem Pomp im Oktober 2015 – und ich war dabei!

Québec – Hauptstadt der Frankokanadier

Was unterscheidet Québec von Frankreich? Nun, die Québécois sind keine Franzosen, nur weil sie dieselbe Sprache sprechen. Sie sind Bewohner des nordamerikanischen Kontinents mit vielen Eigenheiten, die sich im Dialekt, in der Ernährung, den Sitten und Gebräuchen sowie insbesondere im Freizeitverhalten niederschlagen.

Wenn man als deutscher Tourist das allererste Mal Québec besucht, wird man sofort an Deutschland erinnert und ich bin mir sicher, dass man sich deshalb gleich heimischer fühlen wird als irgendwo sonst auf dem amerikanischen Kontinent. Die Altstadt ist hier wirklich ganz so wie „zu Hause", etwa wie in Bremen, Rottenburg oder Nürnberg (siehe Fotoseite 8). Und wenn man seinen ganzen Urlaub hier verbringt, wird man schnell die ausgesprochen angenehmen Seiten Kanadas entdecken und lieben lernen: Die unendlichen Wälder mit unberührter Natur, die lockeren Umgangsformen, die besonders freundlichen Leute, den fantastisch heißen Sommer und die ausgesprochen leckere Küche, die man in mittlerweile über 200 Restaurants im ganzen Stadtgebiet von Québec genießen kann.

Man kann das Selbstverständnis der Québécois, wie sie sich selbst so gerne nennen, am besten mit dem der Bayern vergleichen, die in Deutschland ja ebenfalls so etwas wie ein eigenes Nationalgefühl entwickelt haben. In Québec gipfelt dieses Gemeinschaftsgefühl sogar in einem eigenen Nationalfeiertag, der jedes Jahr am 24. Juni begangen wird. Bereits am Vorabend des „Saint-Jean-Baptiste", wie der Feiertag hier heißt, wird ausgelassen gefeiert und zwar in jedem Ort in der flächenmäßig größten kanadischen Provinz. Fällt er auf einen Sonntag, wird der Montag einfach dazu genommen. Es ist gleichzeitig *das* Fest der Frankophonie in Nordamerika und es gibt kaum eine Veranstaltung an dem schon beinahe heiligen Tag, wo dieser Umstand nicht mit blumigen Worten verkündet wird. Beim Eröffnungsprogramm im riesigen Stadtpark Qébecs etwa wird ohne Unterlass erwähnt, dass „wir hier seit über vierhundert Jahren die Frankophonie auf dem nordamerikanischen Kontinent bewahren konnten". Die Québécois sind ausgesprochen stolz auf ihr Französisch inmitten einer Englisch sprechenden Übermacht des übrigen Kanada, mit Ausnahme einiger frankophoner Gemeinden und natürlich des direkten und einzigen Nachbarn USA.

Die Québécois – Nordamerikaner, die französisch sprechen

Am allerbesten jedoch kann man sich die Menschen und die Kultur hier als eine gelungene Mischung aus indianischer, französischer und amerikanischer Lebensweise vorstellen. Indianisch wegen des Ahornsirups, der in keiner Küche fehlen darf, der Schneeschuhe, deren Benutzung hier eine der winterlichen Lieblingsbeschäftigungen ist und des Kanus, des probaten Fortbewegungsmittels auf einem der vielen tausend Seen. Dann französisch wegen der fundamentalen Bedeutung eines guten Essens, das nie ohne guten Wein, eine Karaffe Wasser und Baguette auskommt und amerikanisch wegen der traditionellen Holzbauweise der Wohnhäuser, der extremen Kinofilm- und Automobilbegeisterung. Letztere ist auch dadurch begründet, dass hier die Entfernungen wesentlich weiter sind als in Good Old Germany, bedenkt man nur, dass man mit dem Auto eine ganze Woche benötigt, um zur anderen Seite ein und desselben Landes zu gelangen – WOW, wie man hier sagt!

Die Hauptstadt der gleichnamigen Provinz Québec hat mit ihrer Metropolregion gemäß offizieller Statistik derzeit 799.632 Einwohner. Das jedoch auf 454,1 km², also einer fast doppelt so großen Fläche wie Frankfurt am Main. Man kann sagen, es gibt einfach genug Platz hier bei uns in Kanada! Die Stadt selbst ist auf zwei Ebenen gebaut worden, der Oberstadt (Haute Ville) und der Unterstadt (Base Ville) mit jeweils verschiedenen Stadtbezirken mit eigenen Namen, die aus ehemaligen Ortsbezeichnungen übernommen wurden, wie man es auch von Deutschland her kennt. In der Sprache der Algonkin-Indianer steht das Wort Kebec für „dort, wo sich der Fluss verengt". Der Stadtname geht somit auf die Engstelle im Sankt-Lorenz-Strom zwischen Québec und dem gegenüberliegenden Lévis zurück.

Der Altstadtkern von Québec ist ein fantastischer Anziehungspunkt für Besucher aus aller Welt. Er gehört seit 1985 zum Weltkulturerbe der UNESCO. Es ist die einzige Stadt auf dem nordamerikanischen Kontinent mit noch heute komplett erhaltenen Stadtmauern und den dazugehörigen Wehranlagen. Im Jahr 2008 feierte die Stadt ihr 400-jähriges Bestehen, was für kanadische Verhältnisse schon sehr alt ist. Aber die Altstadt ist nicht nur schön anzusehen. Das Tourismusministerium lässt sich jedes Jahr ein unglaublich reichhaltiges Programm von Attraktionen und Events einfallen, so dass Straßencafés, Restaurants, Museen, Läden und die Fußgängerzonen mit Besuchern jeglicher Nationalität immer sehr belebt sind.

Québec – Stadt der Festivals in Ostkanada

Einzigartig ist der Winterkarneval im Februar mit seinem Schnee-skulpturen-Wettbewerb (siehe Fotoseite 13) sowie dem Kanurennen über den vereisten Sankt-Lorenz-Strom, dem Festgelände in winter-licher Schneepracht und den nächtlichen, in bunten Lichtern schil-lernden Umzügen durch die ganze Stadt. Im Sommer geht es dann so richtig los: Es gibt hier jedes Jahr ein Musikfestival im Juli, das zehn Tage lang die ganze Stadt in ein großes Open-Air-Spektakel verwan-delt. Überall spielen Musikgruppen jeder Couleur, von ganz kleinen bis ganz großen wie Santana, Steve Wonder oder Sting, man bezahlt bloß einmal 75 Dollar (rund 55 Euro) und hat überall Zugang. (siehe auch Kapitel II unter „Eine Stadt steht Kopf ...")

Wer Feuerwerkskunst mag, der kommt beim internationalen Feuerwerksfestival voll auf seine Kosten. Vor der Kulisse der Wasser-fälle Chute de Montmorency nahe des Stadtzentrums wurde bis vor Kurzem im drei-Tages-Rhythmus die Kunst von Pyrotechnikern aus der ganzen Welt gezeigt, begleitet von ausgesuchter Musik. Machte man einen Abstecher auf die nahegelegene Insel Île d'Orléans, konnte man das Ganze auch noch kostenlos von Weitem genießen. Inzwi-schen findet das Spektakel auf einem riesigen Floß mitten im „Fluss" (gemeint ist der Sankt-Lorenz-Strom) statt, inszeniert mit Musik, die zeitgleich im Radio übertragen wird.

Will man jedoch die Geschichte Québecs und Ostkanadas hautnah erleben, so kommt man am besten zum Festival de la Nouvelle France im August in die Stadt. Ehemals hieß Kanada ja Neu-Frankreich und viele Einwohner sind deshalb mit original französischen Kostümen dieser Zeit zu sehen (siehe Fotoseite 1). Aber auch Straßenmusiker geben ein Ständchen mit alten Instrumenten, es gibt einen Marktplatz mitten im historischen Viertel und ein kleines Indianerdorf ist aufge-baut. Vor der Kulisse der alten Stadtmauern wirklich spektakulär.

Wer noch mehr über Indianer erfahren möchte, sollte ins rund 20 Autominuten entfernte „Village Hurons" nach Loretteville fahren. Dort gibt es eine Nachbildung eines Huronendorfes aus der Zeit der frühen Besiedlung Ost-Kanadas. Die heutigen Nachfahren der Huro-nen geben als Touristenführer einen Einblick in die Lebensweise der

Indianer, man kann außerdem indianischem Tanz zuschauen und echte Langhäuser besichtigen. Ein Vier-Sterne-Hotel, dessen Bau vom langjährigen Stammeshäuptling Max Gros-Louis initiiert wurde und dessen Einrichtung und Architektur mit indianischem Flair versehen wurde, rundet den Ausflug zu den *Premières Nations* ab, wie man die Indianer inzwischen politisch korrekt benennt. (siehe auch Kapitel II unter „Huronen in Wendake – ein Indianerdorf heute")

Wiege der Frankophonie in Kanada

Alles in allem ist Québec sicher eine Reise wert, auch wenn man des Französischen nicht mächtig ist. Als neuer Besucher sollte man lediglich einen Satz auf Französisch beherrschen: „Parlez-vous anglais?" (Sprechen Sie Englisch) und er wird fast überall die Antwort erhalten: „Sure, what can I do for you?" Jemand aber, der über das Schulfranzösisch hinausgewachsen ist, sollte sich auf die etwas andere Sprachmelodie des kanadischen Französisch einlassen, denn sie ist offener und nicht so nasal geprägt wie in Frankreich. Manche Silben werden manchmal einfach verschluckt. Auch das Vokabular wird am Anfang sicher etwas ungewöhnlich sein – so ging es mir jedenfalls zu Beginn. Das nennt man dann „Québécois"!

Mein Tipp: Vorzugsweise in einer der zahlreichen Privatpensionen übernachten, die hier „Gîte" (sprich: Schijd), heißen. Es ist mit Abstand die beste Art, um Land und Leute kennen zu lernen. (siehe auch Kapitel II unter „Bed & Breakfast" sowie Adressen im Anhang)

Weltkultur trotz Dialekt

Besonders für frankophile Leser: Die Besonderheiten der französischen Sprache in Franko-Kanada, geschichtliche Hintergründe und Referenzen zum Hochfranzösisch sowie ein kleiner Sprachführer, welchen ich der Sprachfakultät der renommierten Universität Laval entlehnt habe. Allem voran jedoch Beispiele von international bekannten Kulturschaffenden aus Musik, Film und Theater in Québec.

Wenn man hier länger lebt, kann man ein nicht besonders stark vorhandenes Selbstwertgefühl der Franko-Kanadier beobachten. Will heißen: Sie müssen sich ständig rechtfertigen, dass sie anders sind als die Anglokanadier. Außerdem haben sie große Angst davor, ihre Sprache zu verlieren. Ich habe dies einmal den „Asterix-Effekt" getauft: Ein gallisches Dorf umgeben vom bösen englisch sprechenden Feind. Historisch ist das durchaus begründet: Haben doch die Franzosen in der Schlacht von 1759 vor den Toren der Stadt Québec die Kolonie Neu-Frankreich und damit ganz Kanada an die Engländer verloren, obwohl sie bereits 150 Jahre vor ihnen dort waren.

Es vergeht kaum eine Unterhaltung, kein Fernseh- oder Zeitungsbericht, der nicht den Gebrauch der französischen Sprache oder sogar deren Verlust zum Thema hat, obwohl sie seit 1977 gesetzlich verankert ist. In der Präambel der „Charte de la langue française" heißt es, dass Französisch die Amtssprache Québecs ist und auch „die übliche und alltägliche Sprache der Arbeit, des Lernens, der Kommunikation, des Handels und der Wirtschaft". Heute sprechen jedenfalls 93 Prozent der Einwohner von Québec das kanadische Französisch.

Vor wenigen Tagen erst erschien das neue Buch von Dany Laferrière, welches die Konversation in Québec zum Thema hat. Der Autor, Immigrant aus Haiti, ist inzwischen Mitglied der Akadémie Française, des ehrenhaften Hauses der Linguistik Frankreichs. Darin fand ich eine ausgesprochen interessante Begründung dafür, dass die Quebekker bei der Ansprache bevorzugt das „Du" wählen und die Höflichkeitsform „Sie" vermeiden. Ich war bislang der festen Überzeugung, man wollte sich an das Englische „You" anbiedern, weil wir hier vom Sprachgebrauch der „Anglos" umzingelt sind. Aber nein. Die quebekker Mentalität ist seit jeher so gelagert, dass sie jegliches Standesdenken ausschalten und mit dem „Du" alle Menschen gleichmachen will. Ein wenig naiv, wie ich finde!

Eigenheiten – nicht nur in der Sprache

Im Französisch der Frankokanadier haben sich über die Jahre hinweg etliche Wörter erhalten, die teilweise noch aus dem Vokabular der ersten Kolonisten vor 400 Jahren stammen und die in Frankreich zum beinahe ausgestorbenen Wortschatz gehören. Einige Beispiele sind:

Une bébelle (anstatt *jouet*) bedeutet: ein Ding ohne großen Wert.

Astheure (anstatt *maintenant*) bedeutet: jetzt.

Un chandail (anstatt *maillot, tricot*) bedeutet: Wolljäckchen oder Pullover.

Jaser (anstatt *bavarder*) bedeutet: plaudern oder sich unterhalten.

Un cabaret (*plateau pour le service au restaurant*) bedeutet: Tablett

Eine weitere Eigenheit sind Worte, die von Kontinental-Franzosen so gar nicht verstanden werden, da sie sich in Kanada vollkommen eigenständig entwickelt haben. Es sind echte Wortschöpfungen, die im hochfranzösischen Wortschatz nie existierten. Einige Beispiele sind:

Il fait frête bedeutet: es ist saukalt oder sch…kalt.

Une blonde bedeutet: eine (weibliche) Liebschaft oder Freundin.

Un chum bedeutet: eine (männliche) Liebschaft oder Freund.

Être magané bedeutet: total am Ende sein.

C'est platte bedeutet: …das ist aber blöd, im Sinne von langweilig.

Pantoute (eigentlich *pas du tout*) bedeutet: absolut oder überhaupt nicht. Lustigerweise heißt eine große Buchhandlung in Québec so.

Coudon (eigentlich *Écoute, donc*) bedeutet: …aber hör' mal.

Selbstverständlich gibt es auch jede Menge Lehnworte, die ursprünglich aus dem Englischen stammen und in Québec, französisch ausgesprochen, übernommen wurden, wie bei folgenden Beispielen:

Cute (sprich „kjuut"), auf Französisch *mignon*, niedlich oder süß.

Feeling (sprich „fieeling"), auf Französisch *sentiment*, Gefühl, aber auch beschwipst sein.

Char (sprich „schaahr"), auf Französisch *voiture*, Automobil oder Karre.

Toune (sprich „tunn"), auf Französisch Chanson, Lied oder Musikstück.

Avoir du fun (sprich „awoahr dü fann"), auf Französisch *avoir du plaisir*, Spaß oder Vergnügen haben.

Une gang (sprich „ün gäng"), auf Französisch *une groupe*, Gruppe oder Meute.

Zum Erstaunen von Besuchern aus Frankreich sind die Québécois dann aber wieder französischer als die Franzosen. Sie vermeiden populäre Anglizismen und verwenden eher *stationner* an Stelle von *parking*, *billets* an Stelle von *tickets*, *magasiner* an Stelle von *shopping*, *ordinateur* an Stelle von *computer*, *fin de semaine* an Stelle von *weekend*, *cellulaire* an Stelle von *mobile phone*, *centre d'achat* an Stelle von *shopping center* und *fait maison* an Stelle von *home-made*.

Und vor Kurzem erst habe ich festgestellt, dass das Selbstvertrauen der frankokanadischen Minderheit in den letzten Jahren auffallend stark gewachsen ist. In hiesigen Fernsehsendungen ist der unterschwellige Stolz kaum zu überhören. So haben Québécois, wie der Cirque du Soleil und Céline Dion im Mekka der amerikanischen Unterhaltungsindustrie die Nase vorne. Und dies seit mehreren Jahren. Filme von Regisseuren aus Québec gewinnen internationale Preise, sogar den Oskar. Musikgruppen aus Montréal sind in den Hitlisten vertreten, Theaterleute machen Furore in New York und – ganz nebenbei – erobert das größte kanadische Unternehmen Bombardier den internationalen Freizeitmarkt mit einem neu erdachten Motorfahrzeug, dem CanAm.

Céline, Alanis und Avril

Meine jüngeren Leser kennen bestimmt Alanis Morissette, die mehrere Nummer-1-Hits in Deutschland hatte, oder auch Avril Lavigne. Doch eine der bekanntesten Sängerinnen aus Franko-Kanada ist wohl Céline Dion. Sie wurde am 30. März 1968 in der Nähe von Montréal, genauer in Charlemagne, als Céline Marie Claudette Dion geboren. Mit bislang sechs Grammies ist sie eine der erfolgreichsten Popsängerinnen der Welt und hat bis heute über 230 Millionen Tonträger an den Mann gebracht. Céline Dion ist für das sogenannte Belting (engl.: schmettern) bekannt geworden, einer Gesangstechnik, die durch veränderte Vokalbildung gegenüber dem klassischen Gesang einen durchdringenden Klang der Stimme erzielt. Im Übrigen sehr schön zu hören bei ihrem „Titanic"-Hit „My Heart Will Go On", ab etwa 3: 24 Minuten Laufzeit des Liedes.

1981 veröffentlichte Céline Dion die erste Langspielplatte in ihrer Muttersprache „La voix du bon dieu", übersetzt etwa „Die Stimme Gottes", die sie in Québec sofort zu einem Star machte. Mit 20 Jahren hatte sie bereits elf Alben in Kanada und drei in Frankreich veröffentlicht, außerdem 15 Prix Félix, den Musikpreis der Provinz Québec, sowie drei Platin- und vier goldene Schallplatten bekommen. Als sie 1988 für die Schweiz am Eurovision Song Contest teilnahm, belegte sie den ersten Platz. Dieser Sieg machte sie auch in Europa bekannter. In den Vereinigten Staaten kannte sie hingegen kaum jemand. Aus diesem Grund nahm sie unter dem Titel „Unison" ein Album in englischer Sprache auf, das 1990 erst in Kanada und den USA und ein Jahr später weltweit veröffentlicht wurde. Das brachte auch in den USA den gewünschten Erfolg. Die Singleauskopplung „Where Does My Heart Beat Now" war ihr erster englischsprachiger Hit und kam auf einen beachtlichen Platz 4 der US-Charts. Für „Unison" erhielt sie einmal Platin in den USA und sieben Mal in Kanada.

Dass sie sich trotz alledem nicht als anglophone Sängerin fühlt, wurde bei der Verleihung des Prix Félix im Jahre 1990 deutlich. Céline Dion sollte den Preis für die beste englischsprachige Künstlerin erhalten, lehnte ihn jedoch mit der Begründung ab: „Ich bin eine französischsprachige Sängerin und werde dies auch immer bleiben!"

Ihr größter Erfolg sollte hingegen ein Titel werden, den sie ursprünglich gar nicht singen wollte. Für den Film „Titanic" komponierte der filmmusikerfahrene James Horner den Song „My Heart Will Go On". Er gefiel Céline nicht wirklich, aber ihr Manager, den sie übrigens 2014 zum zweiten Male heiratete, bestand darauf, dass sie das Lied sang. Der Titel wurde 1997 in Kanada, den USA, Großbritannien, Australien, Neuseeland und der Schweiz ein Nummer-Eins-Hit. In Frankreich und Deutschland stand er 13 Wochen auf Platz 1. Danach war er volle 21 Wochen in den Top 10 der Charts platziert. Er erhielt Vierfach-Platin für über 2 Millionen verkaufte Exemplare. Céline bekam dafür einen zweiten Bambi für eine der erfolgreichsten Singles in der Geschichte der deutschen Plattenindustrie. Obendrein bescherte ihr dieser Titel im selben Jahr ihren zweiten Oscar.

2008 wurde sie in Frankreich zur Ritterin der Ehrenlegion für ihre Verdienste für die französische Sprache geschlagen. Im gleichen Jahr erhielt sie die Ehrendoktorwürde der Universität Laval in Québec. Wie die Los Angeles Times errechnet hat, ist Céline Dion in den vergangenen zehn Jahren mit fast 750 Millionen Dollar die bestverdienende Künstlerin der Welt – vor den Beatles oder der irischen Rocktruppe U2. Im November 2013 veröffentlichte sie ihr aktuelles Album „Loved Me Back To Life" – dieses Mal wieder auf Englisch. Und die kommenden Jahre sind schon verplant: Celine Dione wird bis 2019 im „Cäsars Palace" in Las Vegas auftreten, vertraglich sind 70 Shows pro Jahr vorgesehen.

Die Sonne kommt – Cirque du Soleil

Ein weiterer und äußerst populärer Exportschlager aus Québec ist der Cirque du Soleil (Französisch für „Zirkus der Sonne") aus Montréal. Gegründet wurde er 1984 in Baie-St-Paul unweit von Québec-Stadt vom Straßenkünstler Guy Laliberté unter Assistenz von Daniel Gauthier und Gilles Ste-Croix, seinen beiden Mitstreitern.

Das Hauptaugenmerk des Cirque du Soleil liegt auf exzellenter Artistik, Theaterkunst mit fantasievollen Kostümen und live auf der Bühne gespielter moderner Musik. Er wird dem sogenannten cirque nouveau zugerechnet, der im Unterschied zum klassischen Zirkus völlig auf Tierdressuren und eine mit Sägespänen ausgestreute Manege verzichtet. Für das Gründungsjubiläum der Stadt Québec gestaltete die Truppe im Jahre 2008 eine exklusiv konzipierte Show über deren 400-jährige Geschichte, die nur in Québec zu sehen ist. Das Spektakel wurde danach noch weitere 4 Jahre während der Sommermonate aufgeführt – gratis für alle Besucher.

Der Cirque du Soleil hat seit seiner Gründung mittlerweile über 35 hochkomplexe und inhaltlich grundverschiedene Programme kreiert. Neben den festen Standorten, wie seit Dezember 1998 Las Vegas, wo einzelne Shows präsentiert werden, sind einige Programme auf Tournee und auf der ganzen Welt zu sehen. In Deutschland begann bereits 1997 eine Kooperation zwischen den Erlebnisgastronomen von Pomp, Duck & Circumstance und dem Cirque du Soleil. Anfangs in Hamburg, später auch in Düsseldorf sowie in München. Das Unternehmen beschäftigt heute rund 5.000 Mitarbeiter, davon knapp 1.300 Artisten aus über 50 verschiedenen Ländern, denn es finden zeitgleich mehrere Zirkusdarbietungen weltweit statt. Im April des Jahres 2015 erst verkaufte Guy Laliberté für sage und schreibe 1,5 Milliarden kanadische Dollar sein Imperium an eine texanische Investorengruppe sowie an ein Fondsmanagement aus Shanghai. Er selbst behält noch 10% der Anteile. Eine Bedingung des Kaufvertrages war es jedoch, dass der Hauptsitz in Montréal bestehen bleibt. Guy Laliberté machte international von sich reden, als er im Oktober 2009 als einer der bislang sieben Weltraumtouristen zur Raumstation ISS flog.

Robert Lepage – ein québecker Kindl

Weniger bekannt, jedoch nicht weniger renommiert ist der Theaterregisseur Robert Lepage. Er wurde im Dezember 1957 in der Stadt Québec geboren – ein echtes Kind Québecs also. Als multidisziplinärer Künstler arbeitet Lepage auch als Filmregisseur, Drehbuchautor, Schauspieler und Filmproduzent. Seiner genialen Kreativität entstammen Inszenierungen für Peter Gabriel (ehemals Genesis), wie „Secret World Live", für die er zusammen mit seinem Kollegen François Girard aus Montréal 1996 einen Grammy für den besten Musikfilm gewann.

Die begehrteste Auszeichnung der Theaterszene ganz Europas folgte dann im Jahre 2007 in Thessaloniki: der europäische Theaterpreis. Ursprünglich sollte Robert Lepage ihn gemeinsam mit Peter Zadek erhalten. Der 80-jährige Zadek ließ in letzter Minute mitteilen, dass ihn die Proben zur anstehenden Premiere von „Was ihr wollt" zu sehr in Anspruch nähmen. Zudem habe er gesundheitliche Probleme. Lepage wurde somit alleiniger Preisträger – mit einem Preisgeld in Höhe von 60.000 Euro.

Für das Gründungsjubiläum der Stadt Québec 2008 konzipierte Lepage in seiner Kreativfabrik „Ex Machina" im Herzen der

Stadt eine sämtliche Maßstäbe überschreitende Multimedia-Show mit dem Titel „Le Moulin à images". Es ist ein gigantisches Fresko aus animierten Zeichnungen, Photographien, Illustrationen sowie historischem Filmmaterial, das mit hochmoderner, ausgefeilter Projektionstechnik auf die Getreidesilos am Güterhafen der Stadt projiziert wird: 500 Meter (!) lang und 30 Meter hoch. Die speziell dazu komponierte Musik ist aus 329 auf dem Hafengelände verteilten Lautsprechern zu hören. Die Show wird seither jeden Sommer mit geringen Abwandlungen aufgeführt. Ich habe sie alle bewundern können.

Robert Lepage wurde 2009 auch der Titel „Officer of the Order of Canada" verliehen, Kanadas höchste Auszeichnung für ein Lebenswerk. Er entspricht etwa dem Bundesverdienstkreuz in Deutschland.

In den Jahren 2010 bis 2012 führte Lepage die Regie sämtlicher vier Teile von Richard Wagners „Der Ring des Nibelungen" an der renommierten Metropolitan Opera in New York. Mit seinem neueren Werk „Playing Cards 1: Spades" wurde er 2012 zur Ruhrtriennale sowie im Jahr darauf zu den Festwochen in Wien eingeladen. Die Zeitungen lobten ihn dort: „Und wieder einmal haben sie Wien verhext: Der québecker Regisseur Robert Lepage und seine Truppe Ex Machina verzauberten das Publikum in der Messe Wien mit einem Bühnenmirakel, wie nur er es kann!" Danke, Robert.

Sprache verbindet – wie wahr, wie wahr!

Auf Grund der gemeinsamen Sprache werden québecker Künstler meist schneller und leichter in den frankophonen Ländern Europas bekannt, allen voran in Frankreich. So beispielsweise die Sängerin Marie-Mai, die seit 2004 einen Nummer-1-Hit nach dem anderen produziert. Dann Ariane Moffatt, deren erstes Album 2002 sofort Platinstatus in Kanada erhielt und die daraufhin Tourneen in Frankreich absolvierte. Béatrice Martin, bekannt unter ihrem Künstlernamen „Cœur de pirate", gewann schon mit 19 Jahren den kanadischen Musikpreis „Prix Juno" und konnte sich 2009 in Frankreich sogar unter den Top 10 der Alben platzieren. Der Sänger Roch Voisine – ein wirklich hübscher

Kerl obendrein – hat bereits 34 Musikalben veröffentlicht und ist heute musikalischer Berater beim französischen Fernsehen.

Oder Pierre Lapointe, eine schillernde Figur des Nouvelle Chanson in Québec, der von 2002 bis 2004 in Frankreich lebte, wo er einen Plattenvertrag unterschrieb. Beim bedeutendsten Festival in der Schweiz erhielt er 2004 den Preis der Jury, danach in Montréal den Prix Félix, der ihn im darauffolgenden Jahr wieder nach Frankreich zurückführte. Im Juni 2005 wurde seine CD „Pierre Lapointe" vergoldet. Im Februar 2013 brachte Pierre Lapointe, „einer der besten Vertreter des aktuellen französischen Chansons" in ganz Kanada sein Album „Punkt" heraus, das 10 Monate später auch in Frankreich veröffentlicht wurde. Ab dem 6. November 2015 erschien eine Kassette seines gesamten bisherigen Schaffens mit insgesamt neun Schallplatten auf Vinyl, limitiert auf 500 Exemplare.

Aktuelle Musikgruppen von internationalem Rang aus Französisch-Kanada sind beispielsweise The Arcade Fire. Ihr neues Album „Reflektor" ist seit November 2013 auf Platz 6 in Deutschland, in England, den USA und Kanada dagegen auf Platz 1. Oder die fünf Musiker David Desrosiers, Sébastien Lefebvre, Charles-André Comeau, Jean-François Stinco und Pierre Bouvier, besser bekannt als Simple Plan. Die Punk-Rockgruppe aus Montréal, die seit ihrer Gründung 1999 über siebeneinhalb Millionen Alben weltweit verkauft hat, ist in Deutschland, Österreich und der Schweiz immer auf den ersten Plätzen der Charts vertreten.

Und es hört nicht auf! Die Zeitungen berichteten im Mai 2014: Xavier Dolan aus Montréal ist der Liebling des 67sten Filmfestivals in Cannes. Der erst 25-Jährige erhielt den Preis der Jury für seinen fünften Spielfilm „Mommy". Deutschland erwarb noch am Tage der Preisverleihung in Cannes die Aufführungsrechte. Der aktuelle Film „Der große Trip – Wild" des frankokanadischen Regisseurs Jean-Marc Vallée erhielt 2015 zwei Oskar-Nominierungen. Denis Villeneuve aus Trois-Rivières findet internationale Beachtung mit dem Film „Sicario", zu dem er Emily Blunt und Benicio Del Toro verpflichten konnte; desweiteren mit der Ankündigung einer Fortsetzung des Science-fiction-Klassikers „Blade Runner", wieder mit Harrison Ford in der Hauptrolle – man darf also weiterhin gespannt sein.

Bed and Breakfast – die Formel für prima übernachten

Meine Beobachtungen zu den ursprünglich aus England stammenden und in Kanada mit rund 15.000 Häusern sehr weit verbreiteten Unterkünften, den so genannten „Bed & Breakfasts", in Québec auch „Gîte" genannt. Preisgünstig, sehr persönlich und im Stil immer anders. Oft serviert der Hausherr persönlich das Frühstück mit allerlei lokalen Spezialitäten.

Der nette Brauch, ein Zimmer seines Hauses einem Durchreisenden für eine Übernachtung anzubieten, geht bereits auf die Zeit der Kolonialisierung Nordamerikas zurück. Im 18. Jahrhundert gab es außer einigen Postkutschenposten nur wenige Beherbergungsbetriebe, die viel zu weit verstreut lagen. Ein Reisender war so auf die Freundlichkeit der lokalen Bevölkerung angewiesen, um eine Unterkunft für eine Nacht zu erhalten. Mit Ankunft der Eisenbahn etablierten sich dann professionelle Hotelbetriebe mehr und mehr. Jede größere Stadt hatte mindestens ein zentral gelegenes Hotel aufzuweisen.

Während der so genannten großen Depression in den 1930er Jahren in Kanada und den USA begann ein regelrechter Boom – ganz zum Vorteil der Privatpensionen und B&Bs, die Zimmer zum günstigen Preis anboten. Durchreisende als auch Betreiber profitierten so gegenseitig vom moderaten Preisgefüge der kleinen Häuser im Vergleich zu den hochpreisigen Bettenburgen. Knapp 50 Jahre später steigerte sich das Interesse am B&B-Geschäft abermals, als die US-Regierung ein Gesetz zur Restaurierung und Wiederverwendung historischer Bausubstanz erließ, welches Aktivitäten in dieser Richtung steuerlich förderte. So entstanden in den 80er und 90er Jahren eine große Zahl von B&Bs, die sich von kleinen Betrieben mit Gemeinschaftsbad und einfacher Möblierung zu herrlich renovierten Anwesen mit teils luxuriöser Ausstattung mauserten.

In Mitteleuropa geht diese Tradition bis ins frühe Mittelalter zurück. Klöster empfingen damals bereits Reisende für eine Nacht „mit Trank und Speise". Es gehörte einfach zum guten Ton dieser Zeit, wenn ein Wanderer an die Türe klopfte, ihn freundlich aufzunehmen, ihm ein Abendessen zu reichen und ein Bett zu geben. Sehr schön wird dies in einigen Märchen der Gebrüder Grimm beschrieben, wie beispielsweise „Die Bienenkönigin" oder auch „Die drei Sprachen". Lediglich der soziale Status und berufliche Rang sollte befolgt werden. So quartierte sich ein Arzt eher beim Apotheker ein, der Zimmermann bevorzugt beim Schmied und der Edelmann bei der lokalen Aristokratie.

Private Gästehäuser entwickelten sich vor allem entlang von stark frequentierten Wegen und Pilgerstraßen. Das älteste, heute noch betriebene Gästehaus in England ist das „Ye Olde Trip To Jerusalem" in Nottingham. Es wurde just im selben Jahr eröffnet, als König Richard Löwenherz den Thron bestieg: im Jahr 1189 (!) im Schloss von Nottingham, das sich in direkter Nachbarschaft des Inns befindet. Es war die Zeit der Kreuzzüge und Richard versammelte zahlreiche Ritter und Söldner, die eine Unterkunft und Mahlzeit in der Region suchten. Dazu sollte man wissen, dass das Wort „trip" im Mittelenglischen eher die Bedeutung von „Aufenthaltsort" hatte.

Wesentlich später wurde in England dann das B&B populärer, da Hotels für die normale Bevölkerung nahezu unbezahlbar waren und somit der Aristokratie vorbehalten blieben. Man sagt auch, dass das „Nord-Ost-Atlantik Archipel", also die britischen Inseln, immer noch die teuersten Hotelbetten innerhalb der Europäischen Union aufzuweisen hat. Neben den großen Metropolen London und Edinburgh hat sich bis heute eine erkleckliche Anzahl von erschwinglichen Privatpensionen gerade dort erhalten, wo bevorzugt die Arbeiterklasse die Ferien am Meer verbrachte – wie etwa Blackpool an der Westküste im Norden Englands.

Die Abkürzung B&B wurde zuerst auf den britischen Inseln verwendet und so international bekannter, typischerweise auf einem Schild am Gästehaus mit dem darunter angebrachten Hinweis „Vacancies" oder bei ausgebuchtem Haus mit „No vacencies". Jeder hat diese Schilder bei einem Aufenthalt in England oder sonstigen anglophonen Ländern sicher schon einmal gesehen.

Reglementierungen in Kanada

In Kanada gibt es sehr konkrete Bestimmungen, wann sich ein B&B, wann sich ein Hotel und wann sich eine Ferienwohnung so nennen darf. Die gesetzlichen Bestimmungen zur Ausübung touristischer Beherbergungsbetriebe sind für jedes Unternehmen der Branche obligatorisch. In der Provinz von Québec gibt es dazu die CITQ (Corporation de l'industrie touristique du Québec), die die Kategorie eines entsprechenden Hauses offiziell vergeben darf. Bei Hotels sind es Sterne, bei B&B-Pensionen sind es Sonnen. In Québec ist ein Haus mit bis zu 5 Zimmern für maximal 15 Personen noch ein Bed & Breakfast, alles darüber ist ein Hotel.

Inspektoren der CITQ besuchen bei jedem Besitzerwechsel oder spätestens alle zwei Jahre die Herberge, um Veränderungen festzustellen und gegebenenfalls die Kategorie anzupassen. In der Altstadt von Québec gilt außerdem die Regelung, dass der Abstand von einem Betrieb zum andern mindestens 100 Meter betragen muss. Ein Kursus über die „Manipulation von Lebensmitteln" ist seit 2012 allgemeine Pflicht.

Was ist ein B&B eigentlich genau?

Als „Bed and Breakfast", auch „Bed'n'Breakfast" oder in Kurzform einfach „B&B" oder „BnB" bezeichnet man in englischsprachigen Ländern eine Unterkunft im privaten Wohnhaus einer Familie oder eines Hausbesitzers. Es ist eine günstige Übernachtungsform, die sich mittlerweile auf dem gesamten Globus verbreitet hat und in deren Preis üblicherweise das Frühstück enthalten ist. Vor allem jedoch der direkte Kontakt zu den Inhabern, die vielfachen Geheimtipps zu lokalen Attraktionen und das sehr persönliche Ambiente garantieren diesen Häusern einen immer regeren Zulauf.

Mit dem Begriff B&B bezeichnet man daneben im englischsprachigen Raum den Modus der Übernachtung mit Frühstück. Dies dient zur Abgrenzung einer Übernachtung ohne Frühstück, der Halbpension (half board) oder der Vollpension (full board). Im Sinne dieses

Sprachgebrauchs finden sich vor allem in den USA und Kanada vielfach kleine Bed and Breakfasts, auch Inns genannt, die in exzellenter Qualität und oft sehr hochpreisig ausschließlich Übernachtungen mit Frühstück anbieten. Das renommierte TIME-Magazine schrieb schon vor zehn Jahren, dass „in den USA heute bereits rund 28.000 Bed & Breakfasts mehr als 50 Millionen Gäste pro Jahr bedienen".

Im deutschsprachigen Raum ist die Entsprechung eines klassischen B&B die Privatpension. Sie wird von privaten Zimmervermietern betrieben, vor allem in Regionen mit starkem Tourismusaufkommen. Jeder kennt sicher das kleine Schildchen „Zimmer frei" am Straßenrand. Eine Pension ist in der Regel ein Haus, das mehrere Gästezimmer mit einfacher Ausstattung anbietet. Damit unterscheidet es sich von Hotels, die den gleichen Zweck mit meist höherem Standard verfolgen.

B&Bs im Internet

Da sich heutzutage das gesamte Marktgeschehen im Tourismus bevorzugt im Internet abspielt, ist die Internetpräsenz eines jeden B&B unverzichtbarer Bestandteil seines Eigenmarketings. Aber wo wird man in den unendlichen Sphären des Internets am besten gefunden? Richtig, es gibt so genannte Internet-Portale, die sich auf spezifische Angebote spezialisiert haben und die einen Marktplatz der jeweiligen Branche bilden.

Fast jedes Land hat einen „Platzhirsch" vorzuweisen, in Kanada ist es die Internetseite „BBCanada.com". Sie wurde bereits 1994 gegründet und ging im Januar 1995 in den beiden Landessprachen offiziell online. „BBCanada.com" ist heute Kanadas wichtigstes Internetportal in dieser Branche, spezialisiert auf inhabergeführte Pensionen mit aktuell 14.202 eingetragenen Häusern. Es arbeitet von Hamilton in Ontario aus mit 5 festangestellten Mitarbeitern. Das Portal wurde unter allen kanadischen Reiseseiten auf Platz 1 indexiert und konnte 2014 über 39 Millionen Besucher verzeichnen. Darüber hinaus kann man einige B&Bs direkt über die Seite buchen.

Ein weiteres, bedeutendes Portal der Branche ist „Bedandbreakfast.com" aus Texas in den USA. Es ist nach eigenen Angaben international das umfassendste Bed & Breakfast-Verzeichnis mit mehr als 12.000 B&Bs, Inns und den sogenannten „Boutique Hotels". Dieser relativ neue Marketingbegriff kommt aus den USA und beschreibt individuelle, kleine und nicht selten luxuriöse Beherbergungsbetriebe. Persönlicher und von einer individuellen Handschrift geprägt ist ebenso der Service, da diese Hotels in der Regel vom Inhaber geführt werden. Die Webseite ist obendrein in den Sprachen Englisch, Deutsch, Französisch, Spanisch und Italienisch verfügbar.

Neben diesen Portalen gibt es natürlich in beinahe jedem Land der Erde eine Vielzahl großer und kleiner Internetportale, die sich auf den interessanten Beherbergungsmarkt spezialisiert haben. Hinzu kommen diverse Internetanbieter, die eine Mischung aus großen Hotelketten mit mehr als 200 Zimmern und kleinen inhabergeführten Betrieben mit nur wenigen Zimmern in ihren Verzeichnissen auflisten. Denkt man aber einmal konkret über das Preisgefüge dieser beiden Unternehmensformen nach, so fallen die Unterschiede oft zum Nachteil der Kleinbetriebe aus. Will heißen: ein großes Haus arbeitet bereits rentabel bei einer Belegungsrate von rund 50 %, bei 200 Zimmern wären das 100 Zimmer. Die übrigen 100 Zimmer kann das Haus nun zu Dumpingpreisen abgeben, die nicht selten unter dem Niveau der Bed & Breakfast-Häuser liegen.

Schwarze Schafe gibt es überall

Ein besonders perfides Beispiel eines Webportals zum Schaden von kleinen, inhabergeführten Herbergen ist sicher das „AirBnB" (zu deutsch etwa „Luft-Privatpension") mit Sitz in San Francisco/ USA, für Europa aber in Irland. Schon die Webadresse gaukelt dem Kunden ein falsches Angebot vor, denn professionelle Bed & Breakfast-Betriebe sind dort nahezu nicht vertreten. Im Wesentlichen versammelt dieses Portal normale Privatleute wie dich und mich, die ein Zimmer in ihrer Privatwohnung illegal an Touristen vermieten – weltweit. (AirBnB Homepage: „Miete einzigartige Unterkünfte von lokalen Gastgebern in 190+ Ländern.") Und das zu Preisen, wo kein einziger professioneller Beherbergungsbetrieb auch nur entfernt mithalten kann. Denn diese privaten Zimmervermieter bezahlen, im Gegensatz zu angemeldeten Betrieben, in der Regel keine Kurtaxe, keine Mitgliedsbeiträge, keine Tourismusabgaben, keine Einkommenssteuer, keine Kommunalabgaben sowie keine Verbrauchssteuern. Es wäre in etwa so, als ob ein Internetportal die Nebeneingänge aller deutschen Theatersäle zum halben Preis an Konzertbesucher im Web verkaufen würde (!). Auf der AirBnB Homepage steht: „Vermiete mühelos freien Wohnraum. Die Registrierung auf unserer Webseite ist kostenlos."

Im Grunde kann ja jeder mit seiner Wohnung wirklich machen, was er will. Dass jedoch eine Internetplattform wie AirBnB im ganz großen Stil von diesen illegalen Einkünften profitiert ist moralisch und gesetzlich absolut nicht vertretbar. Im April 2015 wurde in den Medien berichtet, die Provinz-Regierung von Québec beabsichtige, die von Airbnb vermittelten Gastgeber denselben Regeln zu unterwerfen wie Hotels und B&Bs. Québec wäre somit die erste kanadische Provinz, das zu reglementieren, was Tourismusministerin Dominique Vien ein „Parallelsystem" nennt.

Ein Auszug aus den AirBnB-Geschäftsbedingungen: „Als Gegenleistung für die Nutzung des Online-Marktplatzes und der Plattform von Airbnb berechnet Airbnb Servicegebühren. Airbnb Payments zieht die Gastgebergebühren von den Unterkunftsgebühren ab, bevor der Differenzbetrag an den Gastgeber, wie in diesen Bedingungen beschrieben, ausgezahlt wird." Somit muss ich allen Urlaubern, Reisenden und Planern *dringend* anraten, sich über allzu günstige „tolle" Webangebote besser zu informieren und künftig nicht nur auf „billig, billigst" zu achten!

Bed & Breakfast in traditionellen Medien

Für meine Leser habe ich eine Zeitschrift über B&Bs entdeckt, die in den USA herausgegeben wird und schon seit 18 Jahren erscheint. Sie nennt sich einfach „Inns" und beschreibt, wie die meisten Reisejournale, besondere Destinationen und natürlich besondere Bed & Breakfast-Pensionen, Frühstücksideen, Insidertipps und sie enthält ein Verzeichnis guter Adressen. Dieses englischsprachige Hochglanzmagazin ist nur in den Vereinigten Staaten und in Kanada erhältlich. Interessanterweise spricht die Chefredakteurin in der Herbst/Winterausgabe von 2014/15 ebenfalls über das AirBnB-Problem!

Selbst das renommierte Magazin „National Geographic Traveller" hat eine Rubrik, die sich *Smart Traveller* nennt. Dort werden in jeder Ausgabe nette Privatpensionen, über den gesamten Erdball verstreut, empfohlen. Das Magazin erscheint ebenfalls in anglophonen Ländern. Seit August gibt 2015 gibt es auch eine deutschsprachige Ausgabe des Reisemagazines mit der knallgelben Umrahmung auf dem Titel.

Gleichfalls findet man B&Bs, die sogar ihre eigene Kundenzeitschrift herausgeben. Eines davon liegt in Québec. Die Zeitschrift heißt wie das Haus *Acacias* mit dem Zusatz „hallo!", erscheint einmal pro Saison in drei Sprachen und wird kostenlos an Gäste des Hauses und an diverse Kooperationspartner abgegeben. Inhaltlich dreht sich das Magazin um interessante Informationen rund um den Standort des Hauses, Restaurantempfehlungen und es ist natürlich mit Insidertipps gespickt. 2016 erscheint schon der achte Jahrgang.

Wie bucht man ein B&B

Hat man als Urlauber seinen Zielort in Kanada ausgewählt, so kann man sich auf den oben genannten Portalen leicht einen Überblick verschaffen. Einfacher geht die Suche nach der Unterkunft mit der Eingabe in eine Internet-Suchmaschine: Erst den Zielort, danach die Suchworte BnB, oder B&B oder Bed and Breakfast eingeben und das lokale Angebot erscheint sofort. Dann eine Email-Anfrage an das B&B schreiben und auf die Antwort warten. Bezahlung per PayPal oder Kreditkarte ist meist möglich, die meisten B&Bs verlangen eine Anzahlung auf den Gesamtpreis. Die Preise für eine Übernachtung bewegen sich in Kanada zwischen 70 und 120 Dollar pro Zimmer für zwei Personen inklusive Frühstück – die Steuern immer hinzugerechnet versteht sich!

Man sollte darüber hinaus wissen, dass es generell zwei verschiedene Typen von Bed & Breakfast-Pensionen gibt. Da sind zum einen die Nebenberufler, meist die Besitzer eines besonders großen Eigenheimes mit mehreren Stockwerken und Zimmern, die sie selbst nicht alle bewohnen können. Die zweite Kategorie nenne ich die „Profis". Sie haben das Bed & Breakfast-Geschäft zu ihrem Hauptberuf erkoren. Das bedeutet, sie kümmern sich das ganze Jahr durchgehend um ihre Gäste. Ein elaborierter Frühstücksservice wird angeboten, manche haben sogar ein kleines Restaurant. Und ihre Marketing-Aktivitäten sind in der Regel ausgereifter und umfassender als die der nebenberuflichen Kollegen. Dem Gast bleiben diese Unterschiede im Allgemeinen jedoch verborgen. Erhellendes findet man auf so mancher Empfehlungsseite wie holidaycheck, trivago oder tripadvisor. Jedenfalls ist ein Aufenthalt in einer privat geführten Bed & Breakfast-Pension immer aufregend und sicherlich spannender als in einem anonymen Hotel. Und wer es noch nicht erlebt hat, sollte bei der nächsten Reise in einem B&B übernachten – es lohnt sich!

Eine Liste von Adressen einiger Bed & Breakfast-Pensionen in Kanada, sämtliche von uns besucht und für gut befunden, ist im Anhang zu finden.

Kapitel III – übers Ein- oder Auswandern

Geduldsprobe – meine Erfahrungen mit der Einbürgerung

Detaillierter Erfahrungsbericht über den gesamten bürokratischen Ablauf der überraschend vielschichtigen Etappen meiner Einwanderung nach Kanada, samt meiner Erlangung der kanadischen Staatsbürgerschaft im März 2013.

Im März 2005 hatte ich die Entscheidung endgültig getroffen, in die Hauptstadt der größten kanadischen Provinz Québec auszuwandern – Kategorie „family class". Québec einfach deshalb, weil dies die Heimatstadt meiner kanadischen Freundin Marie ist und ich die Gegend im Verlauf von mehreren Jahren besucht und damit kennen und lieben gelernt hatte.

Den Antrag auf dauerhafte Aufenthaltserlaubnis stellte ich im August 2006 – mit einem sage und schreibe 34-seitigen Formular plus 18 Seiten Kopien von diversen Begleitunterlagen. Die Gebühren: 975 Euro plus Übersetzungen, Porto und Kopien. Gleichzeitig stellte meine kanadische Freundin ihren Antrag auf Bürgschaft. All das sandten wir nach Wien, wie wir es auf der Webseite der kanadischen Einwanderungsbehörde herausgefunden hatten. Pustekuchen, es war leider falsch, denn für Québec ist die kanadische Botschaft in Berlin zuständig. Also kam unser Antrag nach 6 Wochen per Post zurück zu uns nach München, mit dem Hinweis, alles nach Berlin zu senden.

Ende September 2006 erhielten wir ein Schreiben aus Berlin mit der Genehmigung des Antrages auf Bürgschaft sowie mit der Aufforderung, meinen Gesundheitszustand untersuchen zu lassen. Man schickte uns eine Liste mit den von der kanadischen Regierung zugelassenen Amtsärzten zu. Einer davon war im gleichen Stadtviertel ansässig und ich bekam sehr rasch einen Termin. Ergebnis: Alles in bester Ordnung! Kosten: 350 Euro.

Im Dezember 2006 kam wieder ein Brief aus Berlin mit der Anforderung einer Gesundheitsuntersuchung meiner beiden Kinder aus erster Ehe, sonst könne mein Antrag nicht weiter bearbeitet werden.

Grund: Da das kanadische Gesundheitssystem steuerfinanziert und damit für alle Staatsbürger kostenlos ist, müssen sämtliche Familienmitglieder eines jeden Einwanderungswilligen untersucht werden, auch wenn sie nicht selbst immigrieren. Diese Untersuchung machten wir beim gleichen Amtsarzt. Kosten: 350 Euro – zwei Mal natürlich!

Nach zwei Jahren Vorbereitung – Abflug nach Kanada

Am 28. März 2007 flogen wir nach Québec. Unsere Privatgegenstände hatten wir zwei Tage zuvor von einem Transportunternehmen abholen lassen. So kampierten wir die letzte Nacht in Good Old Germany im Schlafsack auf der Ikea-Bettcouch. Die hatten wir zuvor an Freunde verkauft und sie stellten uns netterweise ihre „neue" Couch bis zur Abreise zur Verfügung. In Québec angekommen bezogen wir ein voll möbliertes Apartment, das wir von Deutschland aus angemietet hatten und ruhten uns erst einmal vom Stress der vergangenen Monate aus. Eine große Etappe war damit geschafft.

Im Mai 2007 kam eine Hiobsbotschaft aus Berlin: Leider sei meine Gesundheitsuntersuchung nicht mehr gültig, da sie schon länger als 6 Monate zurückliege. Außerdem sei die falsche Gebühr bezahlt worden. Den Betrag hatten wir auf der Webseite der kanadischen Einwanderungsbehörde gefunden. Er war aber zu dem Zeitpunkt offenbar nicht mehr aktuell – man hatte versäumt, den richtigen Betrag ins Internet zu stellen. Also kam eine Rücküberweisung bei uns an sowie die Neuanforderung des richtigen Betrages von nur 490 Dollar. Als kleines Bonbon waren es auf einmal weniger Gebühren als die 975 Euro, die wir im Vorjahr beglichen hatten.

Sofort machte ich mich auf, die neue Gesundheitsuntersuchung in Québec vornehmen zu lassen. Sie heißt hier „Examen médical pour l'immigration au Canada". Freundlicherweise hatte man uns eine Liste der Amtsärzte mitgeschickt. In Montréal gab es 29 Arztpraxen, in Québec nur 2! Eine war von unserem Interimswohnsitz sogar zu Fuß erreichbar und ich konnte noch in derselben Woche einen Termin bekommen. Der Arzt, Dr. Guillermo Delmonte, ein Argentinier, war lange nicht so streng, wie ich es von Deutschland kannte.

Auch kostete seine Untersuchung ein Taschengeld von nur 120 Dollar. Er schickte mich zur Blut- und Urinanalyse in ein anderes Labor in Québec (Kosten 67 Dollar) sowie zur Röntgenaufnahme (Kosten 45 Dollar), also alles in allem 232 kanadische Dollar – knapp halb so viel wie in Deutschland.

Einen Monat später kam ein Brief der kanadischen Einwanderungsbehörde in Mississauga über den Erhalt der Zahlung und Weiterleitung an die Behörde für die dauerhafte Aufenthaltserlaubnis oder wie es hier heißt „Résidence permanente". Kein Wort über den Erhalt der Gesundheitsuntersuchung, komisch! Ich fragte sicherheitshalber nochmals bei Dr. Delmonte nach. Er hatte erst vor wenigen Tagen die ganzen Unterlagen weitergeschickt, also nicht unmittelbar im Mai, kurz nach der Untersuchung, wie ich vermutet hatte. Man entwickelt ja beinahe einen siebten Sinn!

„Bienvenue au Canada!"

Wieder einen Monat später, im Juli, kam das lang ersehnte Schreiben der kanadischen Botschaft in Berlin – endlich ein Lichtblick. Es war die Anforderung meines deutschen Reisepasses inklusive eines mehrseitigen Formulars mit der Bitte, die Hin- und Rücksendung per internationalem Kurierdienst im *Voraus* zu begleichen. Gesagt, getan. Und schon am 2. August 2007 erhielt ich aus Berlin meinen deutschen Reisepass einschließlich Visum zurück, gültig bis 11. Januar 2008. Ein für mich ungewöhnlicher Absatz in diesem Brief, der wie alle Anderen auf Englisch verfasst wurde, war die Aufforderung, sich zur offiziellen Einreise nach Kanada doch bitte an einen „Port of Entry" zu begeben. Mit anderen Worten, ich sollte mich an irgendeine kanadische Staatsgrenze begeben, um wieder ins Land einzureisen. Weiß der Himmel, was man damit bezwecken wollte? Nur, man hat keine Wahl.

Doch zum Glück liegt Québec-Stadt bloß 165 Kilometer von der Grenze zu den Vereinigten Staaten entfernt. Ganz nach meinem Lebensmotto: „Kein Nachteil ohne Vorteil!" fuhren Marie und ich die rund zweieinhalb Stunden nach Armstrong, dem nächstliegenden Grenzposten. Dort angekommen drehten wir nach dem Grenzübertritt in die

USA mit dem Auto einfach um und reisten so wieder nach Kanada ein. Dort erhielt ich von der ausgesprochen hübschen, jungen Grenzbeamtin Claudette Allain endlich meine dauerhafte Aufenthaltserlaubnis – noch provisorisch als Durchschlag eines teilweise handgeschriebenen Formulars. „Bienvenue au Canada!" sagte sie mit einem zauberhaften Lächeln und ich fühlte mich fantastisch gut an diesem wunderbaren Tag mit strahlend blauem Himmel. Ich weiß es noch wie heute.

Im Oktober kam dann mit der Post mein offizieller Ausweis, die „Résidence Permanent", gültig für 5 Jahre. Nur wenig später kam meine kanadische Sozialversicherungsnummer in Form einer Plastik-Karte. Damit war ich sozialversichert – eine weitere Etappe war also geschafft!

Französischkurs mit 16 Mitschülern aus 13 Nationen

Den darauffolgenden Winter wollte ich nutzen, um mein Schulfranzösisch zu verbessern und ich absolvierte ab Januar 2008 einen Sprachkurs an der renommierten Universität Laval in Québec-Stadt. Die so genannte „Francisation" dauerte 14 Wochen, montags bis freitags jeweils von 8.30 bis 15.00 Uhr. In meiner Klasse waren 16 Mitschüler aus 13 Nationen: Algerien, Brasilien, Rumänien, Russland, Japan, China, Bulgarien, Deutschland, Kolumbien, Peru, Iran, Venezuela und der Ukraine. Hat man das geforderte Niveau erreicht, so darf man einen Schriftkursus belegen, den ich im Dezember 2009 absolvierte. Man muss dazu wissen, dass sich die relativ komplizierte Grammatik der französischen Sprache erst im Schriftlichen vollständig erschließt. Der Kursus dauerte insgesamt 7 Wochen, werktags von 8.30 bis 12.30 Uhr plus 2 Stunden Hausaufgaben, ebenfalls bezahlt von den Einwanderungsbehörden. Ich nahm beide Angebote dankbar an und buchte es als Rückzahlung der beträchtlichen Einwanderungsgebühren ab.

Nun war ich fit für die Staatsbürgerschaft und hatte die 1.095 Tage dauerhaften Aufenthalt auf kanadischem Staatsgebiet erreicht. Mein Antrag, den ich mit einem 8-seitigen Formular und Gebühren von moderaten 200 Dollar stellte, war somit zulässig. Das Ganze sandte ich am 24. März 2011 per Einschreiben/Rückschein zum Case Processing Center nach Sydney in Nova Scotia. Was, wie ich finde, sehr gut gemacht ist: Man kann die Bearbeitungsdauer auf der Internetseite der Einwanderungsbehörde jederzeit überprüfen und so schaute ich nach Erhalt eines Empfangsschreibens sofort nach. Die Auskunft: Bearbeitungsdauer 19 Monate. Ich konnte also Ende 2012 mit der Staatsbürgerschaft rechnen.

Da jedoch im Oktober 2012 meine Résidence permanent abgelaufen wäre, verlängerte ich sie vorsichtshalber im Juli, sonst hätte ich keinerlei Status gehabt. Aber vier Monate später erhielt ich ein Schreiben der Behörde, die mich nach Montréal einlud, um mir persönlich den neuen Ausweis zu überreichen. Ich fuhr mit dem Bus um 6.00 Uhr los, damit ich den Termin um 10.00 Uhr gut einhalten konnte. Das Ganze dauerte dann bloß 30 Minuten. Wie ich später erfuhr, hatte die kanadische Regierung alle Außenstellen der Einwanderungsbehörde auf Grund von Einsparungen schließen lassen und nach Montréal zentralisiert. Somit muss sich ausnahmslos jeder Antragsteller nach Montréal begeben – egal, wo in Québec sich sein Wohnsitz befindet. Bei einer Rauchpause vor dem Gebäude traf ich eine Belgierin, die von Havre-Saint-Pierre anreisen musste. Das sind exakt 1.120 Kilometer – einfache Wegstrecke!

Gute Vorzeichen zum feierlichen Schwur

Nach turbulenten Weihnachtsfeiertagen und dem noch aufregenderen Jahreswechsel kam dann im Januar 2013 wieder ein Brief bei uns an – dank unserer aufmerksamen Briefträgerin trotz falsch angegebener Hausnummer. Es war die Einladung zur Überprüfung sämtlicher Unterlagen, die ich bereits vor zwei Jahren abgeschickt hatte. Man wollte offenbar auf Nummer sicher gehen und ich sollte die Originaldokumente persönlich mitbringen. Dazu musste ich wieder nach Montréal reisen – ich kannte ja nun den Weg.

Mein Termin war um 13.35 Uhr. Ich durfte in einem großen Wartesaal Platz nehmen, wurde nach kurzer Zeit namentlich aufgerufen und in einen mit dunklem Holz vertäfelten Saal geführt, wo ich mit rund 20 anderen Immigranten warten sollte. Vor mir kam eine Dame mit hörbar spanischem Akzent dran. Der Beamte hatte große Schwierigkeiten, ihr die notwendigen Informationen zu entlocken, da sie ihn offensichtlich nicht gut verstand – weder auf Französisch noch auf Englisch. Er hatte eine bewundernswerte Geduld und ich konnte das Schauspiel gut beobachten, bis mich meine Sachbearbeiterin aufrief.

Sie schaute jeden einzelnen Stempel in meinem Reisepass genauestens an, überprüfte sämtliche Eintragungen auf dem Antragsformular akribisch, um mir danach einige Fragen auf Französisch zu stellen – sicherlich, um mein Sprachniveau ein wenig zu testen. Ganz nebenbei erfuhr ich, dass ab einem Alter von 55 Jahren kein Examen mehr zur Prüfung der Sprachkenntnisse erforderlich ist. Aber alle Angaben waren korrekt und die Sachbearbeiterin sagte mir, ich bekäme so in „1 bis 3 Monaten" eine Einladung für die Zeremonie – natürlich wieder in Montréal.

Zum guten Schluss ging dann alles recht schnell: Früher als gedacht, am 25. Februar 2013, kam die Einladung zur Zeremonie. Sie sollte schon zwei Wochen später stattfinden. Beim mehrfachen Studium jeder Zeile dieses Briefes fiel mir ein kleiner Hinweis besonders auf: „Bei Nichterscheinen zum angegebenen Termin muss ein vollständig neuer Antrag gestellt werden!" Selbstredend reisten meine Freundin und ich schon einen Tag früher nach Montréal und übernachteten dort, um anderntags pünktlich zu erscheinen.

Am 13. März 2013, 9.00 Uhr fand die feierliche Zeremonie zur Verleihung der Staatsbürgerschaft, Ablegen des Eides und Erhalt meiner Urkunde in Montréal statt. Es sind 410 Kandidaten aus 72 verschiedenen Nationen anwesend und es ist furchtbar aufregend für mich. Die Immigrationsbehörde musste auf den wesentlich größeren Saal der griechischen Gemeinde ausweichen, um alle Einwanderer samt Familienangehörigen aufzunehmen. Ich erfahre am Rande, dass es eine Session am Vormittag und eine weitere am Nachmittag des gleichen Tages geben soll, nochmals mit genauso vielen Kandidaten! Am darauf folgenden Montag beantrage ich schon den kanadischen Reisepass bei der Passbehörde in meiner Stadt. Dauer: 40 Minuten, Gebühren: schlappe 20 Dollar.

23. März 2013: Heute früh habe ich meinen kanadischen Reisepass bekommen, per Postbote – einfach so. Geschafft!

Früher Schmidt, heute Smith: Deutsche in Kanada

Meine Recherchen über deutsche Auswanderer und die sehr wenig bekannten historischen Zusammenhänge, die bereits auf das 16. Jahrhundert zurückgehen, als deutsche Soldaten nach Kanada kamen. Erläuternd dazu habe ich die heutige Situation der Auswanderer mit deutschen Wurzeln analysiert sowie drei nette Geschichten von erfolgreichen Auswanderern gefunden.

Historisch belegt gab es mehrere Auswanderungsbewegungen aus Deutschland in die Gebiete Nordamerikas, und nicht immer kamen die Menschen als friedfertige Zivilisten über den großen Teich. Schon während des Krieges Großbritanniens gegen die Vereinigten Staaten wurden rund 30.000 Deutsche in britische Dienste gestellt. Davon lebten zwischen 1776 und 1783 circa 12.000 in den auf britischer Seite gebliebenen Kolonien. Sie wurden oft als „Hessians" bezeichnet, weil Männer aus der damaligen Landgrafschaft Hessen-Kassel mehr als die Hälfte dieser deutschen Hilfstruppen stellten. Ihre große Zahl sicherte Großbritannien den Erhalt der Kolonien, denn nur rund 8.500 Briten standen auf seiner Seite zur Verfügung.

In der Stadt Québec wurde dazu erst vor einigen Jahren eine Ehrentafel auf den Plaines d'Abraham aufgestellt, einem die gesamte Stadt durchziehenden Stadtpark mit historischer Bedeutung, die den Verdiensten deutscher Truppen gewidmet wurde.

Von diesen Hessen blieben nach dem Krieg etwa 2.400 Mann in den britischen Provinzen, die das heutige Kanada bilden. Während sie in Neuschottland als Loyalisten, also loyale Untertanen der britischen Krone anerkannt wurden, verweigerte man ihnen in der neu gegründeten Provinz Québec das zugesagte Land. Viele begaben sich in die größeren Städte wie Montréal, Québec, Trois-Rivières (siehe Fotoseite 6) oder Fort Chambly, knapp 30 Kilometer südöstlich von Montréal gelegen und verheirateten sich dort. Einige gingen nach Halifax zur Armee zurück oder ließen sich auf der nahegelegenen Insel Prinz Eduard nieder.

Unter Führung von William Berczy, einem Maler, Architekten und Städteplaner aus dem bayerischen Wallerstein, kam eine weitere Gruppe nach Kanada. Er erhielt 25.900 Hektar Land westlich des Grand River, das er gegen ein größeres Landstück nördlich von York, dem heutigen Toronto eintauschen konnte. Dorthin brachte er 1794 eine Gruppe von 186 deutschen Siedlern, die er in Connecticut rekrutiert hatte. Sie bauten im Auftrag des Generalgouverneurs von Upper Canada, John Graves Simcoe, Torontos berühmte Yonge Street und errichteten die Siedlung Markham. Nur 10 Jahre später zählte diese Siedlung 462 Deutsche, bei einer Gesamtbevölkerung von 580 Bewohnern. Berczy gilt heute als Mitbegründer Torontos und als Baumeister der ersten öffentlichen Gebäude. Auch die anglikanische Christ Church Cathedral in Montréal entstand von 1805 bis 1821 nach seinen Plänen.

Die Hessen kommen

Die meisten Auswanderer kamen später aus Südwestdeutschland, von wo zwischen 1820 und 1869 rund 1,7 Millionen Menschen in die neue Welt aufbrachen. Den Höhepunkt erreichte diese Welle um 1851. Der damalige Amtsschimmel unterstützte die Auswanderung, um sowohl der fortschreitenden Verarmung Herr zu werden aber auch, um unliebsame Bewohner loszuwerden. Baden, Hessen und Württemberg lösten damals ganze Gemeinden auf und verschifften sie auf Staatskosten nach Québec und Saint John.

In Oberkanada siedelten sich viele der deutschen Loyalisten im Gebiet um das kanadische Berlin an, das heute Kitchener/Waterloo heißt. Seit den 1850er Jahren zogen davon einige in das Tal des Ottawa-River. Sie stellten 10 bis 20 % der Einwanderer, in Oberkanada sogar rund 40 %. Sie wanderten entweder über den Niagara River nach Fort Niagara, über den Hudson River, den Lake Champlain sowie den Rivière Richelieu abwärts nach Sorel, wo sie sogar die Bevölkerungsmehrheit bildeten. Viele benutzten auch den Seeweg über New York nach Halifax. Zwischen 1850 und 1857 verschifften sich über 40.000 Deutsche von Hamburg oder Bremen nach Québec, um in die Vereinigten Staaten zu gelangen. Davon setzten drei Viertel ihren Weg nach Westen fort. Von den 10.000 bis 12.000, die in den britischen Kolonien Kanadas blieben, wurden viele von in Québec ansässigen Agenten nach Ontario geführt. Da sie überwiegend aus ländlichen Gegenden stammten, fehlte es ihnen häufig an Mitteln, die Reise in die USA weiter fortzusetzen.

Während des Zweiten Weltkriegs war die deutschstämmige Bevölkerung in Kanada einer deutschfeindlichen Tendenz ausgesetzt. Unter diesem Druck übersetzten manche Familien ihre Nachnamen ins Englische oder Französische. Aus Bäcker wurde Baker oder Boulanger, aus Schmidt wurde Smith oder Forgeron, Wolf wurde Wolfe oder Leloup, aus Zimmermann wurde Carpenter oder Charpentier und aus Müller wurde Miller oder Milaire etc. Oft wurden deutsche Familiennamen einfach nur in die französische Schreibweise umgewandelt: aus Koch wurde Caux, aus Beyer wurde Payeur, aus Schumpff wurde Jomphe und aus Froebe wurde Frève. Sogar Orte wurden umbenannt, beispielsweise die Stadt Berlin in der Provinz Ontario 1916 nach dem damaligen Kriegsminister des britischen Königreichs in Kitchener. Sie ist übrigens die Stadt mit dem größten Oktoberfest der Welt – nach München natürlich! Während und nach dem Zweiten Weltkrieg sind abermals rund 400.000 Deutsche nach Kanada ausgewandert.

10 Prozent der Kanadier sind deutschstämmig

Heute stellt sich die Situation folgendermaßen dar: Die letzte kanadische Volkszählung von 2006 ergab eine Anzahl von 3.179.425 Personen mit deutschen Vorfahren. Das entspricht etwa 10,2 % der Gesamtbevölkerung Kanadas. Die deutschstämmige Bevölkerung konzentriert sich vor allem auf die Prärieprovinzen. In Saskatchewan stellt die Gruppe mit 30 % die Bevölkerungsmehrheit, in Manitoba und Alberta liegt der Prozentsatz bei gut 20 %. Die fünf Städte mit dem größten deutschstämmigen Bevölkerungsanteil sind aktuell Toronto mit 220.135, Vancouver mit 187.410, Winnipeg mit 109.355, Kitchener/Waterloo mit 93.325 sowie Montréal mit 83.850 Einwohnern. Damit sind die Deutschkanadier nach den Einwohnern mit Wurzeln in Großbritannien und Irland und denen mit französischer Herkunft die an dritter Stelle stehende Bevölkerungsgruppe des Landes.

Darunter sind so berühmte Beispiele wie der Sänger Justin Bieber, dessen Großvater väterlicherseits Deutscher war oder Leslie Feist, die mit ihrer Minimal-Pop-Gruppe „Feist" internationalen Starruhm erlangte. Auch der dreizehnte Premierminister Kanadas, John Diefenbaker, der in der Mitte des vorigen Jahrhunderts regierte, hatte deutsche Wurzeln. Sein Vater Thomas Diefenbacher wurde im Badischen geboren. Der Chemie-Nobelpreisträger Gerhard Herzberg emigrierte aus seiner Geburtsstadt Hamburg nach Kanada. Der aus Schlesien stammende Eberhard Zeidler, der in Toronto den Ontario Place und das Eaton Centre entwarf (siehe Fotoseite 15) sowie den Canada Place in Vancouver, ist ein Architekt von internationalem Ansehen. Die Sopranistin Anna Maria Kaufmann, die mehrmals vor Spielen der deutschen Fußballnationalmannschaft die Nationalhymne sang, hat deutsche Eltern. Nicht zu vergessen der Schauspieler Robert Seeliger, der kurze Zeit mit Nathalia Wörner verheiratet war. Die jüngeren Leser werden bestimmt den Musiker und DJ deadmouse kennen, hinter dessen Pseudonym sich Thomas Zimmermann verbirgt.

Ich habe nun drei Biographien aus jüngster Zeit zusammengetragen, die alle eines gemeinsam haben: den Sprung über den Atlantik von Deutschland nach Kanada, um sich dort dauerhaft niederzulassen und um mehr Lebensqualität zu finden.

Handwerker und Lehrerin – die ideale Kombination

Da wäre zuerst einmal Ralf, den ich bei einer Reise nach Kelowna, die Stadt im berühmten Okanagan Valley, kennen lernen konnte. Ihn hatte es das erste Mal 1995 nach Kanada verschlagen. Lebensstil sowie Land und Leute gefielen ihm gleich gut. Als umsichtiger Geschäftsmann wollte Ralf aber auf Nummer sicher gehen und so beantragte er noch von zu Hause aus seine dauerhafte Aufenthaltserlaubnis, die er 2003 erhielt.

Mit dieser Sicherheit in der Tasche begann er, seine Installationsfirma in Deutschland zu verkaufen, was ein ganzes Jahr in Anspruch nahm. Am 31. Oktober 2004 landete er mit einem Container voller Sachen in Vancouver, um dann weiter nach Manitoba zu fahren. In

Morden, 80 km südwestlich der Provinzhauptstadt Winnipeg gelegen, hatte er fürs Erste Arbeit und eine Wohnung gefunden. Er sagt selbst: „Das mit dem Container würde ich aus heutiger Sicht nicht mehr machen. Kanada ist schließlich kein Dritte-Welt-Land und du kriegst hier alles, was du zum Leben brauchst genau so wie in Deutschland. Da kann man sich den teuren Transport wirklich sparen."

Ralfs eigentlicher Traum war jedoch der Westen Kanadas und so machte er sich knapp ein Jahr später nach Kelowna auf, um dort als Installateur zu arbeiten. Mit dem Esprit des Unternehmers gründete er kurz darauf einen Renovierungsbetrieb, was, wie ich selbst weiß, äußerst lukrativ sein kann, gerade in Kanada. Ralf weiter: „Das war alles nicht so einfach, aber mein deutsches Qualitätsbewusstsein, das hier hoch geschätzt wird, hat mir sehr weitergeholfen. Das war auch der Grund, warum ich die Chance hatte, ein Grundstück zu erwerben und gleichzeitig die Finanzierung zu stemmen!" Denn als neuer Einwanderer hatte Ralf noch keine Kredithistorie bei den Banken und somit keinerlei Kreditwürdigkeit. Aber er wollte das Grundstück ordentlich bebauen und fand einen Geldgeber, der auf deutsche Zuverlässigkeit und deutsche Handwerkskunst großen Wert legte.

2007 traf Ralf seine Lebenspartnerin Michelle in Kelowna, mit der er dann 2010 ein Projekt fertig stellte: Ihr Haus sollte ein feines Guesthouse werden. „Neben unseren Hauptberufen, sie als Lehrerin und ich im Renovierungsgeschäft, genießen wir beide es nun, Gäste aus der ganzen Welt begrüßen zu dürfen – eine schöne Belohnung für unseren Einsatz hier!"

Delmenhorst meets Montréal

Dann wäre da die Geschichte von Petra und Daniel zu erzählen, die ebenfalls in der Tourismusbranche tätig und dabei äußerst umtriebig sind. Sie leben in Montréal, der zweitgrößten Metropole Kanadas. Petra, Jahrgang 1961, kommt ursprünglich aus Delmenhorst, wo sie insgesamt 26 Jahre im Exporthandel gearbeitet hat. Sie wollte bei einer ihrer Kanadareisen 2005 einmal die Provinz von Québec genauer erkunden.

Bei ihrem Aufenthalt in Montréal hatten sie sich in einer Bed & Breakfast-Pension einquartiert. Der Besitzer hieß Daniel. Sein Haus das „À la carte B&B" und er waren Petra auf Anhieb sympathisch. Sie blieben in Kontakt, als Petra nach Deutschland zurück musste. Aber bereits sechs Monate später kam sie wieder auf Besuch und von da an mehrere Male pro Jahr – der Beginn einer großen Leidenschaft also! Petra erzählt: „Ich wollte unbedingt ausprobieren, wie das Leben sowohl in einer Großstadt als auch mit Daniel im B&B klappt, noch dazu im kanadischen Winter, von dem ich so vieles gehört hatte. Also nahm ich drei Monate unbezahlten Urlaub, um mich in dieses Abenteuer zu stürzen!"

Und es klappte ganz ausgezeichnet, denn der nur fünf Jahre ältere Daniel ist später mit Petra nach Delmenhorst geflogen. Petra weiter: „Ich wollte einfach, dass er mein Land, meine Familie und alle meine Freunde richtig kennenlernt. Dann haben wir uns in Delmenhorst verlobt und 2007 in Montréal geheiratet – einfach schön!"

Das Haus der beiden befindet sich im charmanten Stadtteil Rosemont, auch „La Petit Patrie" genannt, im östlichen Stadtzentrum. Wer das berühmte Olympiastadion mit seinem abgeschrägten Turm kennt (siehe Fotoseite 3), der weiß etwa, in welcher Ecke sich Rosemont mit einigen der besten Bistros und Restaurants der Stadt befindet. Daniel und Petra: „Wir freuen uns das ganze Jahr über auf Besucher, allen voran jedoch unser Minipudel Monsieur Petit, der unseren Gästen aus aller Welt und vor allem uns viel Freude bereitet." Im Jahr 2015 durfte man schon das fünfzehnjährige Bestehen ihres Hauses feiern.

Zwei Bayern in Neu-Schottland

„Es war schon immer mein Traum, irgendwann einmal direkt am Meer zu leben!" So beginnt Marcus Butschek vom idyllischen Ammersee in Bayern seine Geschichte. Diese Vorstellung wurde genährt durch unzählige Reisen nach Australien, Südafrika, den USA sowie nach Kanada. Seine Lebenspartnerin Stephanie, die er bereits im Jahr 2000 kennenlernte, hatte eine ähnliche Vision. Sie wollte später ebenfalls einmal die eingefahrenen Pfade in Deutschland verlassen. Man begann ernsthaft zu recherchieren, was es für interessante Plätze auf der Welt gibt, die eine höhere Lebensqualität versprechen und insbesondere ein liebenswertes Leben mit Kindern ermöglichen.

Der Zufall führte sie in die ostkanadische Provinz Neu-Schottland. Mehrere darauf folgende Urlaube erlaubten ihnen, Nova Scotia immer besser kennen zu lernen. Alles, was sie dort erlebten, traf exakt ihre Vision einer neuen Heimat: Es sollte englischsprachig sein, politisch und kulturell gesehen nicht zu weit weg von ihren Wertvorstellungen, nicht allzu weit entfernt von der alten Heimat, um Besuche einfach zu machen und obendrein sollte die Möglichkeit bestehen, viel Zeit mit der Familie in intakter Natur zu verbringen. Das alles am liebsten direkt am Meer!

„Die Kanadier, die wir trafen, waren ausgesprochen liebenswert, herzlich und nett und sowohl Kindern als auch älteren Menschen wurde mehr Wertschätzung entgegengebracht, als wir das aus Deutschland gewöhnt waren", erzählt Marcus und Stephanie ergänzt: „unser damals zweijähriger Sohn Jonah durfte einmal im Baumarkt an der Kasse alle Artikel selbst einscannen. Es war uns fast peinlich. Doch die in langer Schlange anstehenden Kunden fanden das ganz toll (….so cute…!) und niemand beschwerte sich über die Verzögerung – in einem deutschen Baumarkt völlig undenkbar!"

Bei einem der letzten Besuche vor der Auswanderung fanden sie auch noch ihr Traumhaus – direkt am Meer mit eigenem Strand! Es liegt in Cape Breton inmitten der Natur, jedoch nur 20 Autominuten von größeren Orten entfernt mit allem, was man als Familie zum täglichen Leben braucht. Da Stephanie als freie Fotografin und Marcus als selbstständiger Web-Designer arbeiten, ging der berufliche Umzug nach Kanada fast problemlos vonstatten. Erste Geschäftskontakte wurden während der Kanadaurlaube geknüpft, auch bestehende Kunden in Deutschland sollten weiterhin von Kanada aus betreut werden. „Die Mobilität des Internet hat sicher einen großen Anteil dazu beigetragen und uns den Umzug erleichtert", wie Marcus berichtet. Alles in allem standen somit die Lichter auf grün, um den großen Schritt zu realisieren.

Noch in Deutschland erledigten sie den Papierkram bei der Einwanderungsbehörde, damals noch in Berlin, und mit dem Einreisevisum im Pass ging es dann 2008 über den Atlantik. Erst auf kanadischem Boden angekommen, erhielten sie dann ihre dauerhafte Aufenthaltserlaubnis. Diese „Permanent Residence" muss gemäß der neuen Regelung erst nach 10 Jahren erneuert werden, aber schon nach 3 Jahren kann sie in die kanadische Staatsbürgerschaft umgewandelt werden. Nun, nach über 7 Jahren hat sich viel getan, so Marcus und Stephanie: „Wir haben die Vorteile des kanadischen Schulsystems zu schätzen gelernt und unser Jonah geht voller Freude zur Schule. 2012 kam dann noch Leon auf die Welt, so dass wir unsere Familie mit einem waschechten Kanadier ergänzen konnten. Die Ruhe und die Weite unseres neuen Domizils sind für uns Quelle der Entspannung und Zufriedenheit, unsere Internetagentur läuft prächtig. Natürlich vermissen wir ab und zu alte Freunde und Verwandte in Deutschland. Diese verbringen aber nun des Öfteren den Sommer bei uns in Kanada, so dass jetzt ein zwar kürzeres, aber intensiveres Zusammensein möglich ist. Und der Jahresurlaub nach Bayern muss sein, da es die einmaligen Biergärten bislang noch nicht bis nach Kanada geschafft haben!"

Und wie sagte Ralf aus Kelowna so schön zu mir: „Eins ist klar, geschenkt bekommst du auch hier nichts, aber du wirst belohnt für deinen Einsatz."

Erfolgreiche Landung in Ostkanadas Hauptstadt

Eine sehr romantische Geschichte, wie ich meine Lebenspartnerin Marie in München kennenlernte und wie wir uns dann einige Jahre später in Québec, der Hauptstadt der größten kanadischen Provinz etablieren konnten.

Es war bei einem Vorstellungsgespräch in München, als wir uns im September 1999 trafen. In meiner Werbeagentur hatte Marie sich um eine Stelle als Grafik-Designerin beworben. Als ich zu dem vereinbarten Gesprächstermin in den Konferenzraum kam und man sich zum ersten Mal gegenüber stand, da hat es einfach gefunkt. Braune Augen, lockiges Haar und obendrein ein Deutsch mit französischem

Akzent – da war's um mich geschehen. Im Übrigen ging es ihr ganz genauso, wie sie mir später einmal beichtete! Das war der Beginn einer wunderbaren Leidenschaft, welche uns bis nach Québec, in den Osten von Kanada führen sollte.

Suche nach neuen Wegen!

Nach rund sieben gemeinsamen Jahren in München und vielen Reisen in ganz Europa entschlossen wir uns, endgültig nach Ost-Kanada zu gehen. „Ich wollte wieder zurück in meine Geburtsstadt und Marc wollte schon immer einmal ins Ausland gehen", wie Marie erzählt. Darüber war man sich schon nach kurzer Zeit einig – aber womit sollte man dort dann seinen Lebensunterhalt verdienen? Wir haben in jedem Sommer die Familie von Marie in Québec besucht, fast den ganzen Osten der Provinz bereist und immer in kleinen Privatpensionen übernachtet. Dabei habe ich erst so richtig die Tourismus-Branche für mich entdeckt. Einmal logierten wir in einem Gîte (B&B auf Französisch) in Tadoussac, einem Städtchen an der Küste des Sankt-Lorenz-Stromes und berühmt für Walbeobachtungstouren. Eine schon etwas ältere Frau führte das Haus mit seinen insgesamt 5 Zimmern, machte das Frühstück für uns und war offenbar guten Mutes. Damals sagte ich zu Marie: „Was die Dame kann, das können wir bestimmt auch!"

Schwierig, das richtige B&B zu finden?

Dieses Schlüsselerlebnis trug dann maßgeblich zu der Entscheidung bei, unsere bisherigen beruflichen Wege zu verlassen und in eine für uns beide komplett neue Branche umzusteigen. Wir mussten jedoch erst einmal ein B&B nach unseren Vorstellungen finden, denn mit einem Makler zu arbeiten, war von vornherein ausgeschlossen. Deshalb schrieben wir noch von Deutschland aus einen sehr persönlich gehalten Brief – Marie übersetzte ihn perfekt – an rund fünfzehn B&B Besitzer in der Stadt Québec. Wir legten ein nettes Foto von uns bei und warteten, was passiert. Das war im Oktober 2006 und schon bis Weihnachten des gleichen Jahres kam von sechs B&B Besitzern eine positive Antwort. Will heißen, sie wollten ihre Pensionen verkaufen. Da unser Abreisetermin auf Ende März 2007 festgelegt war, konnte man schon Besichtigungstermine vereinbaren. Interessanterweise ist das allererste Bed & Breakfast, das wir besuchten, dann später unser Domizil geworden. Wir wollten ein Haus mit einer Etage ausschließlich für die Gäste und einer zweiten nur für uns privat. Und das in Südlage, mit Garten, am liebsten in einer guten Wohngegend, mit Bäckerei, Bushaltestelle und Bank gleich um die Ecke, etwa so wie in der gehobeneren Oberstadt von Québec!

Ein schönes Stück Arbeit

Es war fast unglaublich: Im März 2007 angekommen, Haus gefunden ganz ohne Makler und dann alle Formalitäten selbst erledigt. Ganz nebenbei die lokalen Gepflogenheiten erlernt, ein Stockwerk des Hauses komplett renovieren lassen und bereits zum ersten Juli fertig zur Übernahme samt Einzug: Ein schönes Stück Arbeit, das sich aber letzten Endes wirklich gelohnt hat. Zusammen mit dem B&B wurde auch der Reservierungskalender des vormaligen Betreibers eingekauft und so hatten wir im ersten Jahr schon ein entsprechendes Einkommen. Marie dazu: „Es ist doch sehr selten, dass all das, was man sich im stillen Kämmerchen vorgestellt hat, auch Realität wird!"

Es blieb aber noch einiges zu tun: Ganz am Anfang wohnten wir in einem gemieteten Appartement rund 10 Autominuten vom Haus entfernt, denn unsere Wohnung im ersten Stock war die totale Baustelle und somit unbewohnbar. Da war es nicht immer ganz einfach, die Gäste rechtzeitig zu bedienen, aber zum Glück klappte es recht gut. Obendrein hatte der Vorbesitzer so gar keine glückliche Hand und hatte sowohl das Haus als auch das B&B sehr vernachlässigt. Die erste Zeit waren wir eine volle Woche damit beschäftigt, die von wildem Wein beinahe zugewucherten Fenster freizumachen und sie ausgiebig zu putzen. Danach musste eine ausgesprochen lange Liste an Reparaturen vorgenommen und vor allem sehr, sehr vieles neu gestrichen werden. Das nahm den gesamten Sommer in 2007 in Anspruch. Alles in Eigenleistung, versteht sich.

Neues grafisches Erscheinungsbild – ein Kinderspiel für zwei Designer

Da der Winter in Kanada mit dem in den bayrischen Alpen vergleichbar ist, also recht schneereich und kalt, hat man sehr viel Zeit. Diese wurde von uns ausgiebig genutzt, dem kleinen B&B-Unternehmen ein vollständig neues grafisches Erscheinungsbild zu geben. Zu allererst stand die Entwicklung eines Signets auf dem Plan. Die Herausforderung war es, ein Logo zu finden, welches die kanadische Tradition, die vor allem aus dem britischen Kulturraum geprägt ist, in einen modernen, aber nicht allzu progressiven Look umsetzte. Auch sollte es ein Markenzeichen werden, das für möglichst viele Anwendungsarten und Hintergründe eingesetzt werden kann, etwa so wie ein Etikett. Zusätzlich sollte es einen Slogan beinhalten, der zur Branche passt und der selbstbewusst und ein wenig anders als die Anderen sein sollte.

Das Einzige, was vom Vorbesitzer übernommen wurde, war die Web-domain und der Name „Acacias", der eine bestimmte Baumart bezeichnet. Denn ein Name mit den Anfangsbuchstaben „Aca…" garantiert die Auflistung an vorderster Stelle in sämtlichen alphabetischen Verzeichnissen. So ganz alleine stehend war dieser Name jedoch nicht aussagekräftig genug und im Hinblick auf das internationale Klientel erweiterten wir ihn auf „Acacias – bed & breakfast" mit dem Slogan „100 % comfortable!". Es gab lediglich eine heftige Diskussion zwischen Marie und mir, ob das Wort auf Englisch „comfortable" oder auf Französisch „confortable" geschrieben werden sollte. Denn in Québec spricht man nun einmal Französisch! Wir haben uns jedoch friedlich auf die internationale Version geeinigt.

Danach wurde das neue Signet auf die obligatorischen Briefpapiere und Visitenkarten gedruckt, das umfangreiche Formularwesen erarbeitet und eine zeitgemäße Webseite konzipiert und realisiert. Eine Postkartenserie im Lang-DIN-Format wurde aufgelegt, Einladungs-

karten für hauseigene Events wurden gestaltet und die Seifenstück-
chen für Gäste, die man in großer Menge im Keller vorfand, wurden
neu verpackt. Die Krönung dieser Aktivitäten und einzigartig in der
B&B-Branche ist das eigene, jedes Jahr neu aufgelegte Kundenmagazin „Acacias - hallo!' geworden, das als PDF auch von der Webseite
heruntergeladen werden kann. Seit meiner Ankunft in Kanada habe
ich mich dann mehr auf das Foto-Design verlegt und alle Fotos für
unser neues Corporate Design geschossen, auch diejenigen von touristischen Attraktionen in und um die Stadt Québec sowie für unser
Kundenmagazin.

Wir merkten sehr schnell, dass das gesamte Marktgeschehen in der
Tourismus-Branche heute zu fast 98 Prozent über das Internet abgewik-
kelt wird. Deshalb haben wir sehr großen Wert auf eine ansprechende
und moderne Gestaltung unserer Webseite gelegt und uns bei allen
wichtigen Internetportalen, die sich auf B&Bs spezialisiert haben, regi-
striert. Und da wir unsere Webseite unbedingt in drei Sprachen anlegen wollten, war der Zeitaufwand entsprechend groß. Im Endeffekt hat
er sich aber mehr als gelohnt, unser Webdesign ist heute noch aktuell.

Renovieren nicht nur zum Spaß

Das Jahr 2008, das 400. Gründungsjubiläum der Stadt Québec, stand
dann ganz im Zeichen der Erneuerung: So wurde das gesamte Haus
mit neuen Isolierglas-Fenstern ausgerüstet, denn erstaunlicherweise
waren noch die original Einscheiben-Glasfenster mit Holzrahmen aus
den 50er Jahren installiert. Auch Tonnen von weißer Farbe konnten
die nicht vorhandene Wärme-Isolation kaum ersetzen. In unserem
ersten kanadischen Winter haben wir sozusagen die Umgebung mit
geheizt, was sich in den immens hohen Heizölkosten niederschlug.
Inzwischen beträgt die Heizölrechung nur noch 50 Prozent im Vergleich zu vorher.

Der vergrößerte Eingangsbereich des Hauses wurde farblich ein-
heitlich gestrichen, denn der Vorbesitzer hatte wohl zur Resteverwer-
tung verschiedene Farbdosen verwendet. Außerdem wurde ein Foyer
für die Gäste mit Rattanmöbeln neu eingerichtet. Ein Gartenweg aus

recycelten Steinplatten sowie der Gartenbereich direkt vor dem Haus wurden komplett neu angelegt – ebenfalls alles in Eigenleistung. Ich mag sehr gerne Naturgärten und so habe ich viele Pflanzen wie Koniferen, Farne und Wildblumen aus den umliegenden Wäldern geholt, damit sich die kanadische Flora ein wenig in unserem Vorgarten widerspiegelt (siehe Fotoseite 16). Als kleine Reminiszenz an meine alte Heimat habe ich ein ausgetrocknetes Bachbett mit runden Kieselsteinen angelegt, welches an die Isarauen erinnert.

2013 war die Vergrößerung der Gästeküche an der Reihe, was einen kompletten Monat in Anspruch nahm. Marie machte einen fantastischen Plan, der viel ungenutzten Raum zu neuem Leben erweckte und damit mehr Nutzfläche schuf. Und weil ich mein Studium früher durch die Arbeit in einem Architekturbüro in Stuttgart finanziert hatte, wusste ich genau, wie man die verschiedenen Gewerke eines Umbaus organisieren muss. Gekrönt wurden unsere Renovierungsaktivitäten 2015 mit einer neuen, maßgefertigten und voll isolierten Hauseingangstür, die ein ansehnliches Budget verschlang. Man wollte keine Baumarktqualität sondern echte Schreinerarbeit haben.

In seiner Kategorie ganz vorne

Alles in allem bedeuteten die Renovierungsarbeiten die Investition einer größeren fünfstelligen Summe, die sich jedoch insoweit gelohnt hat, dass der Kalender mit Gäste-Reservierungen schon zu Beginn des Jahres 2009 und auch 2010 nahezu halb gefüllt war. Seitdem wir unsere Webseite auch in deutscher Sprache online gestellt haben, sind die Anfragen von Gästen aus deutschsprachigen Ländern deutlich gestiegen. Schließlich sind wir das einzige Gîte in ganz Québec, wo man fließend Deutsch spricht.

Und dass Gäste aus aller Herren Länder auch wirklich rund herum zufrieden sind, wenn sie bei „Acacias – bed & breakfast" einige Tage verbracht haben, kann man zwischenzeitlich bei mehreren Reisecommunities, auf den bekannten Empfehlungsportalen sowie auf den gängigen Buchungsseiten nachlesen. Unter anderem sind wir unter den Bestplatzierten von insgesamt 132 B&Bs in unserer Kategorie in

Québec-Stadt. Ein Resultat, das sich auch in der Zahl der Zimmerreservierungen inzwischen gut bemerkbar gemacht hat.

Als Resümee aus heutiger Sicht möchte ich hinzufügen, dass der Sprung in eine neue Existenz geglückt ist. Ja, es war viel Arbeit – aber wenn ich die Geschichten über die erfolglose Arbeitssuche meiner ehemaligen Komilitonen höre, die teilweise unglücklich wieder aus Québec weggezogen sind, dann bin ich immer froh über meinen Job als Herbergsvater.

Gewöhnungsbedürftig – Verkehrsregeln in Kanada

Oft steht nur eine zwei- oder dreistellige Zahl plus das Wörtchen „NORD" am Straßenrand. Wer die Himmelsrichtungen nicht kennt, ist bei der Orientierung in Kanada leicht aufgeschmissen, vor allem als Neuankömmling. Aber es gibt einen Trick! Meine Verkehrstipps und die Unterschiede zu den Regeln in Deutschland.

Die ersten Male, als ich mit meiner Freundin Marie nach Kanada kam, hatte ich mein Augenmerk nicht sonderlich auf die hiesigen Verkehrsregeln gerichtet. Wir waren ja im Urlaub, Marie fuhr immer unseren Leihwagen, der ja auf ihren Namen versichert war. Ich glaubte außerdem, dass die kanadischen Regeln im Straßenverkehr nicht viel anders sein müssten als die in Deutschland. Nachdem ich später meinen deutschen gegen einen kanadischen Führerschein eingetauscht hatte – ohne Prüfung übrigens – und selbst unser Auto steuern durfte, wurde ich bald eines Besseren belehrt. Ich habe deshalb versucht, mich nochmals in die Zeit zu versetzen, als ich Neuankömmling war und diejenigen Straßenverkehrsregeln aufgeschrieben, die so vollkommen anders sind als in meiner alten Heimat.

Was tun, wenn die grüne Ampel blinkt
Wenn direkt nach einer Rotphase die grüne Ampel anfängt zu blinken, ist dies immer ein Zeichen für alle Linksabbieger. Dann ist nämlich die Gegenspur mit roter Ampel gesperrt und man kann ohne Gefahr nach links abbiegen.

Halten an der Kreuzung mit Ampelregelung in Kanada
In Kanada sind die Ampeln, entgegen der Bauweise in Europa, *hinter* einer Straßenkreuzung aufgestellt. Das bedeutet, dass man nicht bis ganz zur Ampel vorfahren darf – man würde sonst mitten auf der Kreuzung stehen und den von links und rechts kommenden Verkehr behindern. Man muss anhalten, bevor die eigentliche Kreuzung beginnt. Diese Stelle ist meist mit einer weißen oder gelben Linie markiert, nach dem Winter aber oft durch Räumfahrzeuge weggeschrubbt.

Unbedingt anhalten beim Stoppschild
Das Stoppschild, das in Québec die französische Aufschrift „Arrêt" trägt, muss unter allen Umständen respektiert werden. Das heißt, unbedingt kurz anhalten, ein Verstoß wird teuer. Ich habe von Geldstrafen bis zu 180 Dollar gehört. Kommt ein weiterer Autofahrer an der Kreuzung von rechts oder von links an, bleibt auch dieser kurz stehen. Es gilt: Wer zuerst kommt, darf als erster weiterfahren. Man gibt sich meist auch Handzeichen und so überquert einer nach dem anderen die Kreuzung, die bei Stoppschildern ja keine Ampelregelung hat.

Ausnahmen beim Abbiegen an einer Straßenkreuzung
Generell gilt in ganz Kanada die Regel, dass man bei einer Kreuzung immer nach rechts abbiegen darf, auch wenn die Ampel rot ist. Es gibt aber einige Ausnahmen (siehe Fotoseite 16) gezeigt habe. Es bedeutet, dass man dort zwischen 7.00 Uhr morgens und 22.00 Uhr abends nicht rechts abbiegen darf, sonst aber schon.

Warum es in Kanada zwei rote Ampeln gibt
Hin und wieder sind an sehr großen Verkehrskreuzungen mit sechs und mehr Fahrbahnen zwei Ampeln mit denselben Farben direkt nebeneinander angebracht. Sie bedeuten nichts Besonderes, sie sind nur wesentlich auffälliger und von Weitem besser erkennbar als eine Einzige – sehr wichtig in einem großen Land.

Parken in Québec will gelernt sein
Das Parkschild auf Fotoseite 16 bedeutet, dass man sein Auto hier über Nacht abstellen kann, und zwar von 4.00 Uhr nachmittags bis

zum nächsten Morgen um 10.00 Uhr sowie über Mittag. Von Samstag bis Sonntag sogar den ganzen Tag über („Lun à Ven" heißt von Montag bis Freitag). Anwohner mit Vignette sind die Ausnahme, was das kleine rote Schildchen darunter erzählt. Wer aber glaubt, dass die Parkzeiten nicht kontrolliert werden und einfach länger parkt, wird mit einem Strafzettel rechnen müssen und der ist auch in Kanada teuer. So ab 72 Dollar sollte man kalkulieren.

Beschilderung auf kanadischen Autobahnen
Auf den kanadischen Straßen sieht man oft nur ein kleines blaues oder grünes Schild, worauf eine weiße Zahl und beispielsweise „Nord" steht. Es bezeichnet die Nummer der entsprechenden Autobahn oder Nationalstraße sowie die Himmelsrichtung und nicht mehr. Vorzugsweise sind die Autobahnen nach berühmten, kanadischen Persönlichkeiten benannt, dann steht auf dem Schild zum Beispiel „Henri Bourassa – Sud" oder „Gardiner Expressway – West".

Der Trick zur Orientierung ist: Sämtliche Straßen, die in Nord-Südrichtung verlaufen, werden mit ungeraden Zahlen beziffert, Straßen in Ost-Westrichtung dagegen mit geraden Zahlen.

Achtung bei roten Feuerwehr-Hydranten
Niemals, wirklich niemals, vor einem roten Feuerwehr-Hydranten (siehe Fotoseite 16) parken, denn abgeschleppt zu werden ist auch in Kanada ziemlich teuer (ab etwa 140 Dollar)! Hinzu kommt noch der Strafzettel (ab 45 Dollar) wegen des Verkehrsverstoßes. Ein Abstand auf der Straße von mindestens fünf Metern vor und fünf Metern nach dem Hydranten ist beim Parken grundsätzlich einzuhalten.

Noch einige allgemeine Verkehrsvorschriften, die in Kanada anders sind
Die Alkoholgrenze liegt allgemein bei 0,8 Promille und ein Verstoß hat den sofortigen Entzug des Führerscheins für 90 Tage zur Folge. Städtische Busse sowie die gelben Schulbusse dürfen zum Schutz der aussteigenden Fahrgäste nicht überholt werden, wenn sie auf einer einspurigen Straße anhalten. Generell gilt auch in Kanada die Anschnallpflicht und Kleinkinder bis 63 cm Körpergröße benötigen einen speziellen Kindersitz im Auto. Das Inlineskating oder auch Rol-

lerblading ist auf allen Straßen verboten. Dafür gibt es eigene, sehr schöne Strecken in fast allen öffentlichen Parks. Die Höchstgeschwindigkeit auf Autobahnen ist 100 Kilometer pro Stunde – besonders für Deutsche ist dies sehr gewöhnungsbedürftig!

Eine Übertretung auch nur um 10 km/h in einer Zone mit Geschwindigkeitsbegrenzung auf 70 km/h wird mit 182 Dollar geahndet, die ich letztes Jahr selbst einmal berappen musste.

Interview mit einem Immigranten

Im Rahmen ihrer Abiturfacharbeit hatte ich das Vergnügen, einer Besucherin unseres deutsch-französischen Stammtisches, den ich seit 2009 in Québec organisiere, ein Interview zu geben. Hier das Resultat:

Marc, wie lange lebst du schon in Québec?
Ich lebe und arbeite bereits seit März 2007 in der Stadt Québec.

Was hat dich gereizt, ausgerechnet dorthin zu gehen?
Die Entscheidung war einfach, weil meine Freundin Marie eine gebürtige Québécois ist. Wir haben 8 Jahre zusammen in München gelebt und während dieser Zeit insgesamt 6 Mal ihre Familie in Québec besucht und in der Provinz von Québec immer allerlei Exkursionen und Reisen unternommen. Dann wollte Marie wieder zurück in ihre Heimatstadt und ich habe gesagt: ‚Da bin ich dabei!'"

Nachdem du dich entschieden hast, nach Québec auszuwandern, was war der erste Schritt? Welche Anträge musstest du ausfüllen?
Die Entscheidung, nach Québec auszuwandern, fiel bereits Ende 2005. Da war der erste Schritt, einen Antrag auf dauerhafte Aufenthaltserlaubnis zu stellen, den ich dann im August 2006 eingereicht habe. Es waren genau 34 Seiten.

Wie lange hat es gedauert, bis du endlich einreisen konntest?
Der Abreisetermin war auf März 2007 festgelegt und die Bearbeitungszeit für die dauerhafte Aufenthaltserlaubnis beträgt rund 12

Monate. Diese habe ich dann im August 2007, als ich schon hier war, mit der Post zugeschickt bekommen – es war zeitlich knapp. Einreisen nach Kanada kann man jedoch zu jeder Zeit mit einem normalen Touristenvisum, das für 6 Monate gültig ist.

Wie viel hat es gekostet?

Die Bearbeitungsgebühren für die dauerhafte Aufenthaltserlaubnis kosteten 975 Euro, einige Übersetzungen für bestimmte Dokumente haben rund 200 Euro gekostet. Die Arztkosten für eine speziell vorgeschriebene Gesundheitsprüfung eines von der kanadischen Regierung zugelassenen Spezialisten in München lagen bei 350 Euro. Ich musste diese Prüfung mangels Gültigkeit hier in Kanada nochmals absolvieren, wobei ich 250 Dollar berappen musste. Nicht zu vergessen der Transport unserer Sachen mit dem Schiffscontainer von München nach Québec, der mit gut 3.500 Euro zu Buche schlug.

Welche Voraussetzungen muss man erfüllen, um überhaupt nach Québec auswandern zu können?

Ich weiß natürlich nicht, wie es heute ist, aber 2007 gab es drei Möglichkeiten, nach Kanada auszuwandern, die in einer bestimmten Klassifizierung festgelegt sind: Eine heißt Investors Class, wo man rund 1 Million Euro in Kanada investieren muss. Eine andere Skilled Workers Class, wo man einen der in Kanada gesuchten Berufe ausüben muss und eine heißt Family Class, wenn man eine familiäre Beziehung mit einem kanadischen Staatsbürger unterhält. Das war in meinem Falle so. Zum Glück bürgte meine Freundin Marie für mich und ich brauchte nicht ein dickes Sparbuch vorweisen, wie es sonst von der Immigrationsbehörde verlangt wird.

Musstest du bestimmte Seminare besuchen, wie zum Beispiel das ,Vivre ensemble au Québec'?

Da ich unter die Kategorie *Family Class* fiel, war derartiges bei mir nicht notwendig. Ich habe aber in München vor der Abreise freiwillig einen mehrwöchigen Intensivkurs in Französisch belegt.

Wie war das bei dir? Wie lange hast du gebraucht, um Fuß zu fassen?
Da ich Land und Leute in Québec schon ausreichend kennen gelernt hatte, gab es da für mich keine spezielle Eingewöhnungszeit. Marie und ich haben uns gleich nach unserer Einreise ein kleines Gästehaus mit drei Zimmern gekauft und ich hatte ab diesem Zeitpunkt bereits meine Arbeitsstelle als Aubergiste, also als Herbergsvater, gefunden. Das mache ich heute noch, mit wachsender Begeisterung!

Viele behaupten, Québec hätte ein sehr europäisches Flair. Kannst du das bestätigen? Und wenn ja, denkst du, dass diese Tatsache dir geholfen hat, dich in die Gesellschaft einzubringen?
Das europäische Flair kann ich bestätigen. Es bezieht sich jedoch nur auf die Architektur der historischen Altstadt von Québec, aber nicht auf die Menschen, wie so viele behaupten. Diese sind in all ihrem Tun und Handeln waschechte Nordamerikaner, die statt Englisch nur Französisch sprechen. Nach meinen Beobachtungen haben sie mit den Kontinental-Franzosen, deren Charakter oder deren Lebensart überhaupt nichts zu tun.

Ich kenne dich ja durch den deutschen Stammtisch, bei dem ja hauptsächlich Deutsch gesprochen wird. Wie ist das bei dir zu Hause, sprichst du hauptsächlich Deutsch oder Französisch mit deiner Freundin und hast du mehr deutsche oder einheimische Freunde?
Zu Hause spreche ich mit meiner Freundin immer noch Deutsch, da das die Sprache unseres Kennenlernens vor nunmehr 15 Jahren in Deutschland war. Mit meiner neuen Familie und im täglichen Leben hier in Québec spreche ich jedoch ausschließlich Französisch. Als Bekannte und Freunde habe ich inzwischen mehr Frankokanadier als Deutsche.

Würdest du die Québecker Fremden gegenüber als aufgeschlossen bezeichnen?
Die Gesellschaft ist hier sehr in sich geschlossen, gute und zuverlässige Freunde in Québec zu finden, dauert Jahre. Geschäftliche Beziehungen sind leichter zu knüpfen, da ist das Interesse höher, weil

es um Geld geht. Nichtsdestotrotz sind die Leute hier ausgesprochen freundlich, respektvoll und immer höflich zueinander. Das ist jedoch mehr auf die vor allem britische Mentalität der anglophonen Mitbürger zurückzuführen, die die kanadische Gesellschaft insgesamt geprägt haben.

Fühlst du dich in die Gesellschaft integriert?

Ja, inzwischen schon, im Besonderen von der großen Familie meiner Freundin Marie sowie von einigen Freunden und Bekannten und deren Freunden. Für die übrige québecker Gesellschaft werde ich jedoch immer der Deutsche mit dem kompliziert auszusprechenden Familiennamen und dem eigenartigen französischen Akzent bleiben. Was ich persönlich nicht tragisch finde, es gibt Schlimmeres im Leben

Hast du die Entscheidung, nach Québec zu kommen, jemals bereut?

Nein, keine Sekunde! Nur der eisige Nordwind im Winter, der nervt mich manchmal so richtig.

(Lena Heinen aus Duisburg führte das Interview im Februar 2013)

Kapitel IV – Reise- und Erlebnisberichte

Vancouver – die Perle am Pazifik

Meine aufregende Entdeckungsreise zu dieser außergewöhnlichen Stadt Westkanadas, gezeigt aus einer unvoreingenommenen Sicht meines fünftägigen Erstbesuchs. Ich verstehe nach diesem Besuch nur zu gut, warum man die ehemalige Olympiastadt zwischen schneebedeckten Berggipfeln und dem pazifischen Ozean so gerne besucht. Eine Liebeserklärung an die heimliche Hauptstadt Kanadas.

Wir kommen am Ostersonntag nachmittags in Vancouver an – nach unserer fünftägigen Tour über die höchste Bergkette Kanadas und einer aufregenden Wegstrecke von insgesamt 1.248 Autokilometern. Etwas müde aber dennoch gut gelaunt wollen wir im Stadtteil Dunbar, gleich bei der University of British Columbia, unser B&B beziehen, das in einem der ruhigeren Wohnviertel liegt und das wir für die ganzen Osterferien schon Wochen zuvor per Internet reserviert hatten.

Doch es sieht ganz und gar nicht so aus, wie es im Internet angepriesen wurde. Das Gästezimmer hat zwar ein eigenes Badezimmer und ist groß und hell. Zum Abdunkeln des Schlafraumes hat es aber keine Vorhänge und wir haben das dumpfe Gefühl, unsere Hosts, ein etwas älteres Ehepaar asiatischer Abstammung, vermieten nur dieses eine Zimmer in ihrem Privathaus. Also nichts mit Erfahrungsaustausch mit anderen Gästen, worauf wir so großen Wert legen. Auch soll das Frühstück auf einmal zwanzig Dollar zusätzlich kosten – davon war keine Rede bei der Reservierungsbestätigung per E-Mail. Ich frage nach dem Zimmerschlüssel, aber John, der Besitzer, antwortet nur lapidar, dass wir keinen benötigen, er oder seine Frau wären ja immer da! Obendrein erscheint uns die Lage des Hauses viel zu weit vom Stadtzentrum entfernt, denn wir wollten viel zu Fuß unternehmen und das gut ausgebaute Busnetz nutzen.

Wir gehen erst einmal ins nächste Café, was einen längeren Fußmarsch bedeutet, um in Ruhe zu beratschlagen. Ja, eine oder zwei Übernachtungen könnten wir gerade noch tolerieren, aber eine volle

Woche? „Willst Du wirklich mit den Leuten alleine die ganze Woche lang frühstücken?", fragt mich Marie voller Zweifel. Schnell kommen wir überein, dass wir uns noch heute eine andere Bleibe suchen, denn es ist schon fast 18.00 Uhr. Also rasch zurück, wir nehmen wieder unser Auto, das wir zum Glück erst am kommenden Morgen abgeben müssen, und fahren Richtung City. Wie bereits auf vielen unserer früheren Reisen werden wir einfach die Leute spontan fragen, wo es ein B&B für uns gibt. Nach mehreren erfolglosen Versuchen in Restaurants und Klamottenläden finde ich einen Buchladen. Der nette Buchhändler, schon etwas betagt, hilft mir auf meine Frage sofort weiter und schreibt mir eine Adresse auf einen Zettel. Mit seiner kurzen Wegbeschreibung ausgestattet gehe ich zurück zu unserer Reiselimousine, wo Marie ungeduldig wartet. Wir finden auch sofort die Adresse, aber die Besitzer sind zu Ostern wohl verreist. Mist!

Wir fahren weiter, immer Richtung Stadtzentrum und erreichen eine belebte Einkaufstraße, die 4th Avenue. Fast alle Läden haben geschlossen – es ist ja Ostersonntag – doch ich finde durch Zufall einen Pub, dessen Besitzer gerade seine Mitarbeiter instruiert. Auf meine Frage drückt er mir ohne viel Zögern sein Mobiltelefon in die Hand, die Nummer bereits gewählt: leider nur der Anrufbeantworter. Der zweite Versuch ist aber dann doch von Erfolg gekrönt, ein Zimmer wäre diese Woche noch frei und ich notiere mir die Adresse: Maple House B&B, 1533 Maple Street, nur drei Querstraßen weiter. Marie hatte die Hoffnung schon fast aufgegeben, als ich ins Auto einsteige. Sogleich fahren wir dorthin und die etwas freakige Eve öffnet uns die Türe, zeigt uns das Zimmer im Dachstock. Es ist nicht zu groß, einfach und sauber. Wir sind sofort einverstanden und erklären ihr, dass wir nur kurz unser Gepäck holen wollen und sie gibt uns bereitwillig die Zimmerschlüssel. Damit ist die Übernachtungsfrage gelöst und wir eilen nach Dunbar zurück. John ist etwas verdutzt, als wir ihm eröffnen, dass wir uns „spontan" umentschieden haben und nicht bei ihm bleiben können. „Anyway, you have to pay one night", sagt er, wozu wir unser Einverständnis erklären. Die vorab überwiesene Anzahlung soll er gerne behalten.

Wir laden unser Gepäck wieder ins Auto und nach nur 15 Minuten sind wir wieder im Maple House, beziehen unser Dachzimmer und bezahlen gleich die gesamte Rechnung, die inklusive Frühstück sogar niedriger ist als ohne in Dunbar, ein echtes Plus. Als wir zu Fuß zum nahe gelegenen Mexikaner schlendern, bemerken wir, dass die Bushaltestelle, einige Cafés und Kneipen in Sichtweite unseres neuen Zuhauses sind, noch ein Plus. Unsere Bedienung, Noelle, empfängt uns gleich überschwänglich in der sprichwörtlichen, typisch englischen Manier. Die Tortillas sind hervorragend und das pollo asado schmeckt mit einem Corona Bier ausgezeichnet – das haben wir uns nach der großen Aufregung verdient.

Am kommenden Tag müssen wir bis spätestens 10.00 Uhr unseren fahrbaren Untersatz bei der Verleihfirma in Downtown zurückgeben. So bleibt für das Frühstück mit blueberry pancakes und den Plausch mit den anderen Gästen nur wenig Zeit. Eine gewichtige Lady aus den USA sitzt mit ihrem erwachsenen Sohn und dem Enkel im Teenageralter mit uns am Tisch im gemütlichen Speisesaal. Sie besuchen eine Ausstellung der Tante und machen dann noch ein paar Tage in Vancouver Ferien. „See you!", rufen sie uns beim Hinauseilen zu und wir benutzen das letzte Mal unser Leihfahrzeug, das uns ohne größere Zwischenfälle sicher bis hierher gebracht hat.

Downtown Vancouver ist erfreulicherweise nur einen Katzensprung von unserem Domizil im hippen Stadtteil Kitsilano entfernt, wie wir beim Hinauffahren auf die Burrard Bridge, eine der drei großen Brükken, die über den False Creek führt, bemerken. Wie in allen Städten Nordamerikas ist die Stadt in rechtwinkligen, fast immer gleich großen Feldern angelegt und so ist die Orientierung extrem einfach. Von der Burrard Street nur einige Blocks entfernt liegt die Seymour Street, wo das Büro des Autoverleihs liegt. Die Rückgabe verläuft problemlos: „No accident, no damages." Bei der Ablieferung in der Tiefgarage fällt mir der deutsche Akzent des jungen Mannes auf, der dort die Wagen in Empfang nimmt. „Klar", antwortet er auf meine Frage seiner Herkunft im badischen Dialekt, „ich komm' aus Heidelbäsch!" Er ist schon zwei Jahre auf der ganzen Welt unterwegs, hat ein Jahr in Ägypten verbracht, dann in Australien und nun ist Kanada dran. Er will sechs Monate hier bleiben. „Aber da musch' was tun, damit a bissle Geld rei'kommt!"

Es ist schon wieder ein wunderbarer Sonnentag, obendrein die Osterwoche und wir sind „endlich frei, ohne Auto!", wie Marie aus vollem Herzen Kund tut. Denn unbewusst ist es doch eine Belastung, die ganze Zeit Verantwortung für eine teure Edel-Limousine zu tragen und keinen Unfall zu produzieren, dazu noch auf fremden Straßen. Ich verstehe sie gut.

1. Tag: Angeblich der schönste Stadtpark Nordamerikas – der Stanley Park

Wir wollen uns heute mit viel Spaziergang belohnen und in den berühmten Stadtpark von Vancouver gehen, den Stanley Park, um dort die Totempfähle der Haida-Indianer anzuschauen. Es geht am Canada Place, dem modernen Kongress-Zentrum, vorbei, den Coal Harbour entlang, wo man auf einer Art Lehrpfad auf vielen ausgestellten Tafeln so einiges über die Geschichte British Columbias lernen kann. Was komplett neu für mich ist: Es gab um die Jahrhundertwende in Vancouver eine „Asiatic Exclusion League", deren erklärtes Ziel es war, „jegliche Einwanderung aus asiatischen Ländern von British Columbia fernzuhalten!" Dieses rassistische Klima gipfelte 1923 im „Chinese Immigration Act", der die Immigration von Chinesen nach Kanada komplett untersagte. Er wurde vom kanadischen Parlament am 1. Juli 1923 für rechtskräftig erklärt. Sogar britischen Staatsbürgern mit chinesischer Abstammung wurde die Einwanderung verboten. Als Anerkennung des tapferen Beitrags chinesischer Kanadier während des Zweiten Weltkriegs wurde jedoch am 14. Mai 1947 das Gesetz aufgehoben, was die Integration der Asiaten, heute immerhin ein Drittel der Bewohner Vancouvers, wesentlich erleichterte.

Im Coal Harbour ist für die Sommersaison ein Flughafen für Wasserflugzeuge angelegt, der Vancouver mit Vancouver Island verbindet. Der Flug soll nur rund 20 Minuten dauern. Marie ist aber so gar kein Freund von Flugabenteuern und wir beschließen, lieber festen Boden unter den Füßen zu behalten. Da am heutigen Ostermontag das Wetter hervorragend ist, starten und landen die Wasserflugzeuge fast im 10-Minuten-Takt im Vancouver Harbour, dem natürlichen Hafenbecken der Stadt. Ein ungewöhnliches Schauspiel für Flachlandindianer, wie wir es sind.

Der Stanley Park erstreckt sich über eine Gesamtfläche von 400 Hektar und liegt, ringsherum vom Meer umgeben, auf einer großteils mit uraltem Baumbestand bewaldeten Insel, die sich direkt an Downtown Vancouver anschließt. Er wurde auf Initiative von Lord Frederick Stanley, dem Generalgouverneur von Kanada, im Jahr 1888 eröffnet und nach ihm benannt. Auch die höchste Auszeichnung des kanadischen Profi-Eishockeys wurde zu Ehren Lord Stanley's benannt. Wir gehen weiter am Ufer entlang und können das erste Mal die ultramoderne Stadtsilhouette bewundern, mit ihrer stattlichen Anzahl von Hochhausbauten und stellen fest: Es gibt sie also doch, die ästhetische und ansprechende Architektur moderner Hochhausbauten, die hier vor allem als Wohnhäuser errichtet wurden.Endlich erreichen wir über die Uferpromenade, die insgesamt 8,5 Kilometer lang ist, die Totempfähle, die in echt noch imposanter erscheinen als in jedem Reiseführer. Wir lernen, dass die Haida die Ureinwohner der Nord-Westküste von Britisch-Kolumbien sowie von Alaska sind und bewundern das strenge, nach festen Regeln angeordnete Design der Jahrtausende alten Muster, die mir teilweise unglaublich zeitgemäß und modern erscheinen.

Nach einem Tag mit so viel frischer Luft wollen wir im angesagten Viertel Yaletown gut zu Abend essen, und finden eines der wenigen am Ostermontag geöffneten Restaurants, den Cactus Club, der auch eine Terrasse hat. Denn wir wollen heute einmal draußen speisen. Zum Glück gibt es über den Tischen fest installierte Gasöfen, die unsere Sitzplätze wohlig erwärmen, denn am Abend wird es noch empfindlich kalt – es ist immerhin erst Anfang April. Das Menü ist außerordentlich, der kanadische Wein dazu ausgezeichnet und nach einem Spaziergang durch das In-Viertel mit seinen vielen Ateliers, kleinen Büros und Designer-Boutiquen nehmen wir den Bus Nummer 7, der uns direkt zu unserem B&B bringt.

2. Tag: Besuch in China – Vancouvers Chinesenviertel

Da der kommende Tag uns erneut Sonnenschein mit blauem Himmel beschert, wollen wir einen Ausflug nach Victoria, der Hauptstadt von Britisch-Kolumbien, auf Vancouver Island machen und uns im Tourist Office darüber informieren. Bedauerlicherweise dauert aber die Hin- und Rückfahrt mit Bus und Fähre insgesamt 6 Stunden und kostet pro Person über 120 Dollar und man hat vor Ort gerade zwei Stunden Zeit. Viel zu kurz für einen lohnenden Besuch der interessanten Hauptstadt von B.C. Wir kommen überein, dass dieses Vorhaben keine gute Idee ist und gehen zu Fuß weiter nach Gastown, in die Altstadt von Vancouver. Gleich auf der Water Street stoßen wir auf die berühmte Steam Clock, die alle 15 Minuten die weltbekannte Melodie des Big Ben in London ertönen lässt, allerdings aus fünf Dampf-Pfeifen.

Nach einer gemütlichen Kaffeepause im Smart Mouth Cafe führt uns der Weg über die berüchtigte Hastings Street zum Dr. Sun Yat-Sen Classical Chinese Garden, der direkt in der Chinatown von Vancouver liegt. Wirklich eine Oase der Ruhe, die einen Besuch Wert ist. Ein Teil ist kostenlos zugänglich, für den aus der Ming-Zeit nachgebauten Teil bezahlt man 12 Dollar Eintritt – pro Person. Vancouvers Chinatown ist die älteste ihrer Art in Kanada. Bereits um 1855 ließen sich hier die ersten Einwanderer aus dem Reich der Mitte nieder und sie wirkt so gar nicht wie ein Freiluftmuseum oder extra für Touristen hergerichtet, sondern wie ein lebendiger Teil des Alltags. Man sieht dort überwiegend asiatisch aussehende Menschen, die sich in unzähligen Kaufläden mit für uns völlig fremd erscheinenden Nahrungsmitteln oder exotischen Arzneimitteln versorgen. Interessant finden wir dekorativ auf Bambusstäbchen aufgespannte und getrocknete Eidechsen, die neben großen schwarzen Schmetterlingslarven zum Kauf ausgestellt sind. Wir fühlen uns als wären wir in China. Dieser Eindruck wird noch durch die neon-orangenen Warenschildchen unterstützt, die ausschließlich in chinesischer Schrift verfasst sind. Lediglich die Preise sind für uns lesbar. Nur auf dem Parkplatz der CIBC-Bank entdecke ich neben der chinesischen auch eine englische Beschriftung für die Kunden.

Nach diesem nicht sonderlich appetitanregenden Blick in die typische chinesische Küche sind wir uns einig, dort nicht in einem der vielen Restaurants zum Abendessen zu gehen. Ein Freund aus Québec hat uns „The Naam Restaurant" empfohlen, welches in Kitsilano liegt und von unserem B&B bequem zu Fuß erreichbar ist. Schon von Weitem erkennen wir an der Warteschlange, warum es wohl das beste vegetarische Restaurant der ganzen Stadt sein soll. Der Eingangsbereich ist übersät mit Auszeichnungen der verschiedensten Gourmetblätter und nach relativ kurzer Wartezeit bringt uns die Platzanweiserin an einen Tisch auf der verglasten Veranda. Wir bestellen zur Vorspeise handgeschnittene, frittierte Kartoffeln mit Miso-Soße, danach einen Salat des Hauses mit Vollkornbuletten und eine asiatische Nudelschale mit frischem Gemüse und Tofu. Selbstredend alles aus biologischem Anbau oder „organic", wie es hier heißt. Alles schmeckt fantastisch und wir können kaum aufhören, uns gegenseitig probieren zu lassen. Ein Restaurant, das auch eingeschworenen Fleischessern gefallen wird und das 24 Stunden am Tag und 7 Tage die Woche geöffnet hat – außer an Weihnachten.

3. Tag: Spaziergang nach Granville Island und Haidakunst im Bill Reid Museum

Nach interessanten Gesprächen am Frühstückstisch beginnen wir den dritten Tag in Vancouver mit dem Besuch des Maritime Museums, das auf unserem heutigen Weg nach Granville Island liegt. Das Museum besteht aus einem hohen Gebäude, welches die „St. Roch" beherbergt, ein historisches Dampf- und Segelschiff, das zwischen 1940 und 1942 die Nordwestpassage durchsegelte, sowie einem weiteren Bau mit Exponaten über die Seefahrtsgeschichte Britisch-Kolumbiens. Am Kitsilano Beach vorbei, unter der Burrard Bridge hindurch schlendern wir bis zum Boots- und Yachthafen, der wunderbar in der Meeresbucht False Creek liegt liegt (siehe Fotoseite 5). Deren östlicher Teil wurde für die olympischen Winterspiele 2010 komplett umgestaltet. Dort entstand das olympische Dorf.

Wir erreichen den stadtbekannten Markt auf Granville Island, der in den vielen ehemaligen Lager- und Fabrikgebäuden untergebracht ist und sich über die gesamte kleine Insel erstreckt. Das Angebot ist umfangreich: vom Gemüsemarkt zum Fischmarkt, vom Souvenirshop für Haida-Kunst (siehe Fotoseite 12) bis zum feinen Meeresfrüchterestaurant, von der Bootswerft zur Tauchschule, vom chinesischen Perlenschmuckladen bis zum Panoramafotogeschäft – es gibt alles, was das Herz begehrt. Außerdem ist die Emily Carr University of Art and Design mit über 1.600 Studenten auf dem Gelände ansässig. Sie unterhält sogar drei eigene Galerien, die man kostenlos besuchen kann. Die aktuelle Ausstellung hatte das Thema „Three Years at Sea" und das künstleriche Niveau der ausgestellten Exponate brauchte den Vergleich mit dem der etablierten Galerien nicht zu scheuen.

Galeriebesuche machen uns immer hungrig und bereits am Vormittag haben wir einen „Fish & Chips"-Verkaufsstand entdeckt, den wir zum Mittagessen aufsuchen wollen. Wir nehmen in der oberen Etage der Markthalle Platz und haben einen prächtigen Ausblick auf das bunte Treiben, die anderen Mittagsgäste sowie auf den False Creek und genießen unsere Fish & Chips, bestehend aus einer Megaportion Kabeljaufilet in Bierteig mit knusprigen Pommes. Eigentlich wollten wir danach das Marktgelände im Freien erkunden. Doch als es anfängt, wie aus Kübeln zu schütten, beschließen wir, einen weiteren Ausflug in ein Museum in der Stadt zu unternehmen und unseren Programmpunkt „Ausflug bei Regenwetter" zu absolvieren. Wir fahren mit dem Bus in die Bill Reid Gallery of Northwest Coast Art, welche Werke der berühmtesten und bekanntesten Künstler und wichtigsten Vertreter der Haida-Kunst ausstellt. Wir lernen, dass die auf der kanadischen 20-Dollar-Banknote abgebildete Skulptur diejenige von Bill Reid ist, die er für den Flughafen von Vancouver gestaltete, dass er ein fulminanter Schmuckdesigner und Goldschmied war und dass sein Nachname von seinem Vater deutscher Herkunft abstammt.

Es war wieder ein aufregender Tag, obendrein sind wir viel zu Fuß unterwegs gewesen, und deshalb suchen wir uns zum Abendessen ganz in der Nähe unseres B&B das „Bistro Pastis" aus, ein französisches Restaurant, dessen Auswahl sich sehen lassen kann. Ich entdecke Rognons de bœuf auf der Speisekarte, also Rindernierchen in Rahmsoße, mein Lieblingsgericht. Marie nimmt heute vegetarische Cannelloni, weil es ihr am Vortag im „Naam" so gut gemundet hatte. Nur hier ist alles etwas feiner zubereitet. Wir trinken wieder einen herrlichen Sauvignon der Mission Hill Winery aus Kelowna, die wir letzte Woche besucht haben – eine schöne Erinnerung.

4. Tag: Aquarium, LIFT-Bar und die Robson Street

Für den heutigen, vierten Tag unseres Vancouver-Erlebnisses haben wir das Aquarium ausgesucht, das in der Mitte des Stanley-Parks liegt und mit dem Bus von unserer Pension leicht erreichbar ist. Fahrscheine sind günstiger, wenn man sie im 10er-Päckchen kauft. Sie haben 90 Minuten Gültigkeit und man kann damit umsteigen, so oft man will. Die Tickets für die Busse sind darüber hinaus für das U-Bahn-Netz, den Skytrain und eine Wasserfähre, den Seabus, der die City mit dem Westteil der Stadt verbindet, uneingeschränkt verwendbar. Ganz nebenbei erfahren wir, dass am Samstag, Sonntag und feiertags unser Ticket für den gesamten Tarifbereich aller 3 Zonen gilt. Gut zu wissen!

Das Vancouver Aquarium, eröffnet 1956, ist das größte Kanadas und eines der 5 größten Aquarienanlagen Nordamerikas. Es soll pro Jahr fast eine Million Besucher zählen und es beherbergt aktuell rund 58.000 Lebewesen aus insgesamt 734 verschiedenen Tierarten, die alle im oder am Meer leben. Darunter in immens großen Becken die weißen Beluga-Wale, Delfine und Seeotter. Der Eintrittspreis ist mit 29 Dollar inklusive Mehrwertsteuer pro Erwachsenem (Kinder bis 3 Jahre gratis, von 4 bis 12 Jahren 15 Dollar) ungewöhnlich hoch, wird jedoch verständlich, wenn man weiß, dass das Aquarium in privater Hand ist, ausschließlich mit Spenden finanziert wird und keinerlei staatliche Subventionen erhält. Aber es lohnt einen Besuch und man kann sich mühelos vor hunderten von Glasscheiben in der Unterwasserwelt verlieren oder eine der Tiershows anschauen (siehe Fotoseite 7). Publikumsmagnet sind die putzmunteren Seeotter, die elegant aus dem Wasser springenden Weißstreifendelfine oder die immer neugierig schauenden Belugas - übrigens die einzige Walart, die den Kopf drehen kann, was ihnen einen besonders sympathischen Ausdruck verleiht. Und so verbringen wir ohne Weiteres fast den ganzen Tag in den Sphären des nassen Elements.

Auf dem Rückweg in die Stadt, vorbei an majestätischen Sequoias, bleiben wir auf der Uferpromenade im „LIFT – bar & grill" hängen, wo wir eine Kaffeepause machen wollen. Der hypermoderne Bau in Holzarchitektur direkt am Wasser, mit Toiletten, die fast schon eine Zeitreise ins nächste Jahrhundert bedeuten, und einem herrlichen

Blick über den Coal Harbour ist so ganz nach unserem Geschmack. Der extrem gut gelaunte Kellner bringt uns ein delikates Tiramisu, einen feinen lemon cake sowie einen perfekt geschäumten Cappuccino und einen Latte Macchiato. Dannach ist die Welt für uns wieder in Ordnung und wir erreichen gut gestärkt zu Fuß die Robson Street, die den Einkaufsstraßen der großen Metropolen nicht unähnlich ist, mit den bekannten Textilmarken der Global Player Player (siehe Fotoseite 14). Mir fällt nur die extrem hohe Dichte asiatischer Passanten auf. Das quirlige Treiben inspiriert mich zu einer Fotoserie, welche die Hektik der Stadt einfangen soll. Marie ist glücklich mit ihrem Beutestück, das sie erstanden hat und wir nehmen den Bus nach Hause.

Der Abend soll heute italienisch werden und Marie hat bei unserem Besuch in der Altstadt ein hübsches Restaurant entdeckt, direkt gegenüber der berühmten Steam Clock. Es heißt „The Waterstreet Café" und wir werden vom Besitzer, einem grauhaarigen, eleganten Herrn in tadellosem Italienisch mit „Buona sera, come stai?" begrüßt. Auch die Speisekarte ist entsprechend italienisch. Wir lassen uns nach einer feinen Minestrone zur Vorspeise „Spaghetti alle vongole" und „Scaloppine al limone" bringen. Nur der Hauswein ist kanadisch und den haben wir schon einmal ausreichend gekostet und für gut befunden: Chardonnay vom Peller Estate aus Niagara.

5. Tag: Queen Elisabeth-Park und Stadterkundung, Restaurant am Coal Harbour

Fast wie bestellt, beschert uns der nächste Tag wieder herrlichen Sonnenschein. Dies trotz der vielen Unkenrufe aus unserem Bekanntenkreis, die uns „…jeden Tag Regenwetter, vor allem im Frühling…" vorhergesagt hatten. Denn wir wollen unseren letzten Tag in der „Perle am Pazifik" wieder im Freien genießen und den Queen Elisabeth-Park besuchen. Wir sind gespannt, ob der Park auch königlich genug ist. Der Skytrain, der uns wie magisch transportiert – nämlich ganz ohne Lokführer – (siehe Fotoseite 9) bringt uns fast vor die Pforten des auf einer Anhöhe liegenden öffentlichen Parks. Diese Anhöhe soll mit 167 Metern den höchsten Punkt der Stadt darstellen. Die ausgesprochen großzügig und im englischen Stil angelegte Parkanlage wird durch das Bloedel Floral Conservatory, ein Gewächshaus mit tropischen Pflanzen in einem modernen Kuppelbau, gekrönt. Dessen Sponsor, Prentice Bloedel (1901 bis 1995), war der Enkel rheinhessischer Einwanderer und als wohlhabender Forstunternehmer an der kanadischen Pazifikküste ein erster Verfechter nachhaltiger Forstwirtschaft.

Der riesige, aber momentan noch sehr leere Parkplatz neben einer neu erbauten Springbrunnen- und Wasserspielanlage lässt die Besucherzahlen erahnen, die hier im Sommer empfangen werden können. Einen wahrhaft königlichen Ausblick auf die gesamte Stadt hat man jedoch von der Besucherterrasse, die im April besonders schön von den unzähligen Kirschbäumen und sonstigen Frühlingsboten geschmückt wird. Wir erforschen den ganzen Park, der in verschiedene Abschnitte aufgeteilt ist, die jeweils mit einer anderen Pflanzenauswahl angelegt wurden.

Forschen macht hungrig und wir beschließen, im neben der Besucherterrasse liegenden Restaurant zu Mittag zu essen. Es heißt treffend „Seasons in the Park" und keine geringeren als Bill Clinton und Boris Jelzin haben ebenfalls dort gespeist – im April 1993 zum Gipfeltreffen. Das Restaurant ist ein einziger, immens hoher Raum und wir fragen nach einem Platz am Fenster, um den Blick über die Stadt schweifen zu lassen. Wir bestellen Pizza Margherita und „Green Salad with grilled chicken", nichts Besonderes also, das unseren kleinen Hunger stillen soll. Welch eine Überraschung aber, als unsere Bedienung Alana uns zwei kulinarische Kunstwerke bringt, die wir so gar nicht erwartet haben – vor allem nicht zu dem moderaten Preis. Das Salatdressing ist ausgesprochen fein, das Hähnchenfilet wurde auf Holzkohle gegrillt, die Pizza nur mit frischem Gemüse zubereitet, die Kruste ist super knusprig. Alles einfach erste Sahne und wir lesen beim Hinausgehen, dass unser Etablissement zu einer Restaurantkette von vier besseren Häusern gehört, alle an exponierten Plätzen der Stadt gelegen.

Bei diesem tollen Wetter wollen wir nochmals zu Fuß zum Granville Island Market und auf dem Weg dorthin auf der Granville Street den zahlreichen lokalen Kunstgalerien einen Besuch abstatten. Es sind knapp zwanzig – eine neben der anderen. Wir finden einen gedruckten Gallery Guide, der Einblick in die gesamte Szene der Nordwestküste Kanadas bis in die USA hinein gibt. Die künstlerische Bandbreite der Bilder, die wir auf unserem Galerieparcours anschauen, ist auffallend groß und wir fragen uns, ob diese gestalterische Vielfalt auch die ethnische Vielfalt sowohl der Stadt als auch Britisch-Kolumbiens widerspiegelt.

Nach strammem Fußmarsch und so vielen Eindrücken steht uns der Sinn nach einer Kaffeepause, als wir am Granville Island Market ankommen. Schon ein wenig ortskundig finden wir sofort „unser" Café und setzen uns dort auf die Terrasse in die Sonne. Fast zahme Stare picken mir die Kuchenkrümel von der Hand, die ich ihnen hinhalte. Zu unserem Bed & Breakfast sind es von hier aus nur noch 30 Minuten zu Fuß, wie mir Marie ganz optimistisch eröffnet, und wir gehen den Weg zurück, den wir bei bedecktem Himmel schon einmal gemacht hatten. Aber in der Abendsonne entfaltet sich die Ästhetik des Yachthafens, der wohlgestalteten Hochhäuser (siehe Fotoseite 5) und der Burrard Bridge in vollkommen anderer Weise und so kann ich einige meiner schönsten Fotos von Vancouver machen.

Zuhause im „Maple House" angekommen machen wir uns hübsch für den Abend, denn heute ist unser letztes „Dinner vor Two" in Vancouver und wir haben uns etwas Besonderes ausgesucht. Wir wollen heute im „Cardero's" speisen, einem feinen Restaurant am Coal Harbour, unserem Lieblingsviertel direkt an der kleinen Meeresbucht des Pazifiks. Wir fahren wieder mit dem Bus in die Stadt, die ganze „Burrard Street" entlang, wo wir diese Woche einmal am Vormittag einkaufen waren und die sich nun in der Abenddämmerung in ein glitzerndes Lichterspiel verwandelt hat. Stadt-Ästhetik pur für viele Fotomotive.

Als wir beim Restaurant ankommen, sind alle Tische bereits besetzt. Die blonde Platzanweiserin meint freundlich, wir könnten ja 60 Minuten an der Bar warten, bis ein Platz frei wird, was wir dankend ablehnen. Ja, unglaublich, es ist Freitag und ganz Vancouver geht abends zum Essen – also nichts mit dem „Cardero's". Doch ich kann Marie mit dem Hinweis trösten, dass ich beim letzten Spaziergang ein Stückchen weiter ein Restaurant der West-Inn-Hotelgruppe, das „Seawall Bar & Grill", entdeckt hatte. Sie ist skeptisch: „Ein Hotelrestaurant, ist das gut?" Aber wir werden eines Besseren belehrt, das Menü ist ausgezeichnet, das Servicepersonal super nett und wir

bekommen einen Fensterplatz mit Blick auf das erleuchtete Hafen-
viertel. Das gereichte Brot schmeckt wie frisch gebacken, die „Linguine with Pacific Prawns" und das „Pacific Salmon Filet" sind ganz
hervorragend. Der dazu passende Weißwein, wieder ein kanadischer
Chardonnay vom Okanagan Lake, ist ebenfalls keine Enttäuschung.
Alles in allem wieder einmal der Beweis dafür, dass die guten Dinge
manches Mal direkt auf dem Weg vor unseren Füßen liegen. Man
muss sie nur aufheben!

Die Portionen waren gehaltvoll und es bleibt nur noch Platz für
einen Dessertwein und einen Bailey's Coffee, um danach einen Verdau-
ungsspaziergang zur Bushaltestelle auf der Burrard Street zu machen.
Wir kennen inzwischen den Weg genau und fühlen uns fast schon
wie Einheimische. Da unser Rückflug nach Québec am kommenden
Morgen schon in der Frühe starten soll, wird unser letzter Abend
nicht mehr lang und wir lassen vor dem Einschlafen unsere Städtetour
nochmals Revue passieren. Schön war's, wir kommen wieder!
(Adressen in Vancouver im Anhang.)

Prince Edward County – im Land der tausend Inseln und der kanadischen Traditionen

*Interessante Exkursion in die kleine und wenig bekannte Provinzregion
am Ontariosee, zu Sanddünen wie auf Sylt und zur Wiege kanadischer
Einwanderer vor 150 Jahren.*

Es ist einer der fantastischen kanadischen Hochsommertage im
August – heiß und mit strahlend blauem Himmel – als wir in aller
Herrgottsfrühe aufbrechen. Marie und ich wollen heute noch die
rund 650 Kilometer von unserer Heimatstadt Québec bis zum Sand-
banks Provincial Park an den Ontariosee fahren, was bloß mal der
Strecke von Nürnberg nach Amsterdam entspricht. Für kanadische
Verhältnisse jedoch ein Katzensprung.

Nach rund 4 Stunden Fahrzeit, kurz nach Montréal auf der Autobahn Nummer 20, dem Trans-Canada-Highway, kommt der Verkehr
jedoch ins Stocken, bis wir komplett anhalten müssen: Stau! Ich bin

vollkommen überrascht, dass es in dem doch sehr dünn besiedelten Land Kanada so viel Verkehrsaufkommen gibt, dass der Verkehr sogar zum Erliegen kommt. Wir stehen, es dauert! Grund dafür ist jedoch lediglich eine Baustelle, für die eine der zwei Fahrspuren gesperrt wurde. Der Verkehrsfunk hatte diese Engstelle leider nicht angekündigt. Aber es ist Montag in der sommerlichen Ferienzeit, mit ausgesprochen viel LKW-Aufkommen und zudem reisen wohl noch mehr Menschen als gedacht mit dem Auto in Richtung Toronto. Wir studieren die Straßenkarte und nehmen die erstbeste Ausfahrt zur nahen Landstraße, die den Stau umgehen dürfte. Jedoch haben einige andere Autofahrer genau dieselbe Idee und wir stehen nach kurzer Zeit schon wieder – dazu noch in der brütenden Mittagshitze! So beschließen wir, eine Mittagspause zu machen und finden in dem kleinen Ort Les Cèdres ein nettes, ländliches Bistro, wo wir uns ein feines Ciabatta jambon-fromage aufs Beste schmecken schmecken lassen.

Um nicht noch einmal in den Ferienstau zu geraten, nehmen wir einen weitläufigen Umweg über die netten Dörfchen Coteau-du-Lac und Saint-Zotique in Kauf, der uns durch eine Gegend führt, die mich mit ihren Wiesen und Weiden stark an Oberbayern erinnert. Kurz nach Rivière-Baudette sehen wir am Straßenrand eine Gruppe junger Leute, die ihren Wagen mit québecker Kennzeichen geparkt und sich an einem Pylon zum gemeinsamen Gruppenfoto aufgestellt haben. Es ist ein blau-weißer Grenzpfosten, der inmitten der Landschaft die Grenze zwischen Québec und Ontario markiert. Ich denke mir: So zelebriert man also hier den Übertritt in ein für sie „anderes" Land – nämlich nach dort, wo die Leute Englisch sprechen.

Bei Lancaster geht's dann wieder auf die Autobahn, die nun Macdonald-Cartier-Freeway heißt. Der Stau hat sich endlich aufgelöst, aber unseren Zeitplan für diesen Tag total durcheinander gebracht. Bei Belleville erscheint auf der Autobahnstrecke endlich das Ausfahrtschild nach Picton. So heißt, nach deutschem Schema, die „Große Kreisstadt" des Prince-Edward-County (nicht zu verwechseln mit Prince-Edward-Island) und so kommen wir erst gegen 19 Uhr in unserem netten Ferienressort an. Wir haben das „Isaiah Tubbs Resort" ausgewählt, eine weitläufige Ferienanlage, mit mehreren Bungalows jeder Kategorie, eigenem Restaurant und Sandstrand, die wunderschön direkt am Westufer des Ontariosees liegt. Leider sind die privaten B&B-Pensionen, die wir sonst bevorzugen, in dieser Gegend im Sommer immer lange im Voraus ausgebucht.

Nach dem Einchecken an der Rezeption der Anlage darf man mit seinem Auto direkt vor die Haustür seines Bungalows fahren, denn wie gesagt, das parkähnliche Ressort mit viel uraltem Baumbestand ist sehr weitläufig. Zu Fuß wäre der knapp ein Kilometer lange Weg mit unserem ganzen Gepäck wohl zu lang geworden.

Wir haben riesigen Hunger bekommen und zum Glück ist das Restaurant „On the Knoll", das direkt neben unserem Cottage liegt, noch gut besucht und wir lassen uns ein Gericht mit Fisch – selbstredend aus dem Ontariosee – servieren. Dazu genießen wir einen guten kanadischen Weißwein aus der Region, die berühmt dafür sein soll, wie uns der freundliche Kellner bestätigt. Nach diesem aufregenden und vor allem anstrengenden Reisetag wird der Abend nicht lang und wir fallen bald in das King-Size-Bett unseres wirklich geräumigen Zimmers.

Ein See wie das Meer

Der Ontariosee (englisch: „Lake Ontario"; französisch: „Lac Ontario") ist der flächenmäßig kleinste der fünf immens großen Süßwasserseen Nordamerikas mit „nur" 311 Kilometern Länge und 85 Kilometern Breite. Seine Größe entspricht in etwa dem Bundesland Rheinland-Pfalz und man kann auf Grund seiner riesigen Ausdehnung dort sogar Gezeiten wie am Meer erleben. Mitten durch den See verläuft die Grenze Kanadas zu den Vereinigten Staaten. Man teilt sich sozusagen die Seefläche, mit knapp 10.000 Quadratkilometern auf kanadischer und mit rund 9.000 Quadratkilometern auf amerikanischer Seite. Im Übrigen sichert der See die Trinkwasserversorgung der Metropolregion um Toronto mit seinen fast 6 Millionen Einwohnern.

Wir beginnen den kommenden Tag mit einem ausgiebigen Frühstück im Restaurant des Ressorts auf dessen Terrasse, mit direktem Blick auf die Westseite des Ontariosees und genießen das herrliche Wetter. Beim Erkunden unserer Anlage fällt mir der typische englische

Cottage-Stil einiger der Häuser auf. Die gesamte Anlage hat mehr das Flair eines alten englischen Anwesens einer begüterten Familie, als das einer Ferienanlage. Durch Zufall erfahre ich im Gästebereich die interessante Geschichte des Hauses, die für kanadische Verhältnisse wirklich ziemlich lang ist.

Der Besitzer hieß wirklich Isaiah Tubbs, kam ursprünglich aus Amerika und ließ sich mit seiner Frau Rhoda Shepard, die er 5 Jahre zuvor in Greenville, einer Kleinstadt in der Nähe von Albany im Bundesstaat New York, geheiratet hatte, im Jahre 1800 im Prince-Edward-County nieder. Man mochte Zugereiste damals nicht so gerne, wenn sie der britischen Krone nicht loyal ergeben waren. Jedoch hatten einige Mitglieder der Familie Tubbs bereits Besitzungen in der Gemeinde, die damals Hallowell Township genannt wurde. Isaiah Tubbs kaufte im Verlauf der kommenden 40 Jahre einige weitere Grundstücke dazu, unterhielt eine Farm und war als Großgrundbesitzer 1833 ein Gründungsmitglied der Prince-Edward-County Agricultural Society. Somit begann die Familie ab dieser Zeit des Öfteren als Gastgeber für gesellschaftliche Anlässe zu fungieren. Als der Familienvater 1844 starb, hinterließ er seine Frau und 7 Kinder, wovon eines in die Fußstapfen des Vaters trat und das Erbe weiterführte, das bis heute Bestand hat. Der Familienclan residierte auf dem heute noch vorhandenen Backsteingebäude, direkt am Haupteingang des beschaulichen Anwesens, das sich inzwischen „Isaiah Tubbs – Resort & Conference Centre" nennt.

Sanddünen wie auf Sylt

Nach dem ausgiebigen Frühstück wollen wir den Tag am Strand verbringen, der weit über die Grenzen der Region als Sandbanks Provincial Park bekannt geworden ist. Wir entscheiden uns für einen der drei Strände, den größten natürlich! Ja, es ist wirklich ein herrlicher weißer rund 5 Kilometer langer Sandstrand mit Dünen, die sich bis auf 25 Meter auftürmen. Als wir ankommen, ist die Überraschung groß: der Strand ist beinahe menschenleer! Da er sich wegen seines seichten Ufers besonders für Familien mit Kindern eignet, bleibt das Gros der Besucher in Fußweite des Parkplatzes mit Toiletten und Kiosk, der sich ganz am Anfang des Strandes befindet. Wenn man jedoch nur einige Meter weiter in nordwestlicher Richtung geht, hat man den ganzen Strand für sich alleine – und das mitten im Hochsommer! Der See ist wirklich riesig, das 85 Kilometer entfernte Ufer kann man nicht sehen und wir genießen das warme Süßwasser. Es hat den Vorteil, dass man sich nicht duschen muss wie am Meer, was besonders Marie hoch erfreut. Wir erfahren, dass es im gesamten Sandbanks Park fünf Campingplätze mit über 500 Zeltplätzen mit Parkplatz gibt, die im Sommer sehr gut besucht sein sollen.

Das Abendessen wollen wir in Bloomfield, einem sehr ländlichen Ort unweit des Parks, einnehmen und Marie hat in unserem Reiseführer wie gewohnt, ein feines Restaurant entdeckt. Als wir jedoch ankommen, sehen wir das Schild schon von Weitem: „Monday to Wednesday closed!" Auch das Städtchen selbst macht keinen sonderlich belebten Eindruck – es ist doch erst 18.00 Uhr und Hochsaison im August? Offenbar schert sich die lokale Bevölkerung so gar nicht um Touristen und so bleibt man auf dem platten Lande eben bei seiner täglichen Routine, Sommer wie Winter. Zum Glück hat auf der gegenüberliegenden Straßenseite ein kleines Bistro geöffnet, das sich im gleichen Haus wie der Agrarian Cheese-Market des Dorfes befindet (siehe Kapitel V, Fein Speisen in Kanada). Wir speisen ganz vorzüglich, müssen uns aber beeilen, denn man schließt um 19 Uhr. Man geht nämlich mit den Hühnern ins Bett. Ja, wir sind wirklich auf dem Lande!

Der kommende Tag beschert uns aufs Neue herrliche Sonne mit tiefblauem, wolkenlosem Himmel und wir machen uns in der Frühe auf, um die größte Ortschaft der Insel zu besuchen. Es ist schon unser letzter Tag und wir wollen in Picton frühstücken, dem quirligen Geschäfts- und Verwaltungszentrum von Prince-Edward-County. Das pittoreske Städtchen hat sogar einen kleinen Hafen, zu dem wir nach unserer Ankunft schlendern (siehe Fotoseite 10). Das einzige Restaurant direkt am Kai, das „Picton Harbour Inn", ist heute bis auf den letzten Platz besetzt – schade!

Auf der Hauptstraße entdecken wir „Miss Lily's Café", das sich seine Verkaufsfläche mit dem sehr geräumigen Buchgeschäft von „Books & Company" teilt. Man kann dort herrliche Croissants oder warme Schinkenbrötchen erstehen und sich gleichzeitig mit einem neu erworbenen Buch vergnügen. Der Ort selbst besteht im Wesentlichen aus der langgestreckten Main Street, wo sich auch das historische Regent Theater, erbaut 1890 im Art-Déco-Stil, in das modernere Straßenbild einreiht. Auch findet man hier Kanadas älteste Wochenzeitung, „The Picton Gazette", die bald ihr 185-jähriges (!) Jubiläum feiern darf. Es fällt mir auf, dass hier ungewöhnlich oft das Symbol einer Königskrone verwendet wird: sei es als Hotelsignet, sei es als Neon-Leuchtreklame oder sei es als Schmuck der offiziellen Nummerierung der Straße, die hier Loyalist Parkway heißt. Man ist hier wohl immer noch mehr dem britischen Königshaus verhaftet als sonst wo in Kanada. Alles in allem erinnert mich das ganze Ambiente sehr an meine Sprachferien, die ich als 16-Jähriger im Süden von England verbracht habe.

Nach einem kurzen Stopp beim „Bean Counter Cafe", einem netten Straßencafé direkt auf der Hauptstraße verabschieden wir uns von Picton. Es geht weiter nach Wellington, gleichnamig mit der Hauptstadt Neuseelands. Es ist die zweitgrößte Ortschaft in Prince-Edward-County, die wir ein wenig genauer erkunden wollen. Für die Größe des Ortes erstaunlich gibt es einen Stadtpark, der direkt am Ontariosee liegt. Von hier aus hat man eine völlig andere Perspektive zum Sandbanks Park, dessen Sanddünen zu uns herüber leuchten und dessen Landzunge bis fast an das Ufer des Stadtparks reicht. Leider haben Regenwolken den Himmel in eine graue Suppe verwandelt, es ist windig, jedoch ist die Luft sommerlich warm. Und so baden wir kurz in dem von Windböen aufgewühlten Wasser des Ontariosees, nutzen die gut ausgebauten, öffentlichen Umkleideräume und freuen uns schon auf den Abend. Meine liebe Marie hat wieder ein gutes Restaurant mit Seeblick ausspioniert und um auf Nummer sicher zu gehen, wollen wir schon am frühen Nachmittag unseren Tisch für den Abend reservieren. Aber nein – Pustekuchen! Auch hier ist das Restaurant geschlossen – wegen Umbau. Dieses Mal steht auf dem Schild „Reopening – Spring 2015". Es gibt jedoch noch ein zweites Haus auf der Hauptstraße des Ortes, die hier ebenfalls, wie in Picton, das Zentrum bildet. Eine einzige Straßenkreuzung, einige Geschäfte, der obligatorische Baumarkt, das war's schon. Wir werden heute also im Bistro „East & Main", das zum Glück mittwochs geöffnet hat, chic zum Abendessen gehen. Wir bekommen einen Platz auf der Terrasse, der Wind hat sich gelegt und wir speisen köstlich in mehreren Gängen und mit feinen Weinen der Gegend in dem am Abend voll belegten Restaurant. Rund um Wellington gibt es im Übrigen die allermeisten Weinbaubetriebe der Insel, die sich dem Besucher in einer eigenen „Wine Tour" präsentieren.

Am darauf folgenden Tag ist unser Abenteuer im County schon fast beendet, aber wir haben auf dem Heimweg noch einen Stopp in Kingston vorgesehen, um eine Schiffstour zu den berühmten tausend Inseln zu machen. Wir fahren recht früh am Morgen los und da uns der Weg durch Picton führt, frühstücken wir dort rasch, denn das Angebot im Ressort war nicht berauschend. Wir verlassen Prince-Edward-County in Richtung Glenora, wo man mit der Fähre zurück aufs Festland übersetzen kann. Warum Festland?

Der heutige Verwaltungsbezirk von Prince-Edward-County liegt mit knapp einer Million Quadratkilometern und 25.000 Einwohnern ganz im Norden des Ontariosees und ist vollständig von Wasser umgeben. Er ist faktisch also eine Insel, die lediglich durch eine kleine Landverbindung bei Trenton, einem durch die kanadischen Luftstreitkräfte bekannten Ort, und zwei riesige Brücken mit dem Festland verbunden ist. Schon 1792 wurde er, noch zu dessen Lebzeiten, nach Prinz Edward Augustus von Hannover benannt, dem Vater von Königin Victoria von England. Die Region wurde vorher bereits von Indianern der so genannten Hopewell-Kultur besiedelt, die ihre Blütezeit zwischen 200 v. Chr. und 500 n. Chr. hatte, und die sich durch fantastische Grabhügel für Bestattungen und einer Keramik im typisch verzierten Stil auszeichnete.

Zurück zur Gegenwart: Die Glenora Ferry liegt auf der Strecke des Highway 33 zwischen Bloomfield und Kingston, auch als Loyalist Parkway bezeichnet. Königin Elisabeth hatte bei ihrem Besuch 1984 diesen Weg im Andenken an die ersten Siedler umbenennen lassen, die sich dort, exakt zweihundert Jahre zuvor, niedergelassen hatten. Die Autofähre, die 1802 in Dienst gestellt wurde, verbindet Prince-Edward-County im Sommer wie im Winter mit dem Festland, durch einen knapp einen Kilometer breiten Wasserstreifen. Als Teil des öffentlichen Straßennetzes ist die Überfahrt kostenlos und dauert nur

5 Minuten. Historisch interessant ist, dass der Sohn des ehemaligen Betreibers der dort ansässigen Steinmühle, Hugh Macdonald, später als Sir John A. Macdonald der erste Premierminister Kanadas wurde. Auf der anderen Seite angekommen, fährt man eine herrliche Strecke direkt am Ontariosee entlang, dessen Teilstück sich hier Adolphus Reach nennt, zu Deutsch etwa „in Reichweite von Adolfsstadt", wie der alte Namen der Gemeinde lautet. Auf halber Strecke bis Kingston, kurz vor Bath und unübersehbar, erstreckt sich auf der rechten Seite eines der bedeutendsten Zementwerke Ontarios, das dem weltweit operierenden Industrieriesen Lafarge gehört. Es hat sogar seinen eigenen Ladekai, wo die Ozeanriesen anlegen können, um die wertvolle Ladung aufzunehmen. Das Unternehmen selbst hat seinen Hauptsitz in Paris, steht an zweiter Stelle der größten Baustoffhersteller der Welt und beschäftigt weltweit über 64.000 Mitarbeiter.

Mit dem Raddampfer zu den tausend Inseln

In Kingston angekommen fahren wir sofort zur Stadtmitte, um uns ein Ticket zu sichern. Wir wollen unbedingt auf einen der nachgebauten Raddampfer fahren, der genau so aussieht wie die berühmten Fährboote am Mississippi (siehe Fotoseite 3). Man sagt uns, dass die kleine „Kreuzfahrt" zu den Thousand Islands gut drei Stunden in Anspruch nehmen wird. Wir haben Glück und es gibt noch zwei Plätze, sonst ist der Dampfer voll besetzt – es ist schließlich August und schönes Wetter. Kaum haben wir unseren Platz auf der Aussichtsplattform des Achterdecks gefunden, geht es schon los und wir fahren aus der Stadt heraus, welche sich für ihre nur 120.000 Einwohner erstaunlich in die Länge zieht. Während der Fahrt auf dem ruhigen See hat sich der anfangs blaue Himmel zu einem grauen Etwas zugezogen und wir kommen an den ersten Inselchen vorbei. Ja, es ist wirklich nett, wie sich eine nach der anderen aufreiht. Fast jede ist bewohnt und mit einem kleinen Haus oder einem staatlichen Anwesen bebaut, private Schiffsanlegestelle natürlich inklusive.

Unser Guide erzählt uns über Lautsprecher, dass ein amerikanischer Milliardär, der ehemalige Besitzer des Waldorf-Astoria, sich ein

Schloss auf einer der Inseln hat bauen lassen, um seine Ehefrau aufs Beste zu erfreuen. Diese Hauptattraktion der Inselgruppe, das „Boldt Castle", liegt jedoch auf der anderen Seite der Staatsgrenze. Man braucht seinen Reisepass, den wir nicht dabei haben, und so haben wir nur die kurze Tour gebucht, welche die Inseln auf der kanadischen Seite umrundet. Unser Lautsprecher-Reiseführer erzählt weiterhin, dass es insgesamt 1.864 Inseln gibt und dass eine amerikanische Salatsoße, das Thousand-Islands-Dressing, nach der Region benannt wurde. Auf Grund vieler kriegerischer Auseinandersetzungen sollen darüber hinaus rund 400 Schiffswracks auf dem Grund des Ontariosees liegen, die dort auf ihre Entdeckung warten. Auf unserer Rückfahrt bricht wieder die Sonne durch die Wolkendecke und verzaubert die Gegend mit herrlichem Abendlicht und langen Schatten.

Es ist warm und so beschließen wir, heute in einem Restaurant mit Außenterrasse zu speisen. Wir müssen nicht lange suchen, denn es gibt etliche auf der Brock Street, in Sichtweite der klassizistischen Kuppel des Rathauses. Man könnte sich auch irgendwo in Italien befinden, denn das Zentrum von Kingston hat etwas davon. Kingston wird von den Einheimischen auch „Limestone City" (Stadt des Kalksteins) genannt, da die Bausubstanz der Altstadt im Wesentlichen aus weißem Kalkstein besteht. Um das italienische Flair komplett zu machen, haben wir uns das „Casa Domenico" herausgesucht, um die angepriesene „authentic Italian cuisine" zu probieren. Die Terrasse liegt in der Abendsonne, die Speisen sind köstlich und der italienische Wein passt gut dazu. Die Straße ist belebt und auf der anderen Straßenseite erstreckt sich ein großer Platz, der Springer Market Square. Eine haushohe Leinwand ist heute aufgespannt und der Platz ist bestuhlt. In den Sommermonaten hat die Stadtverwaltung diesen Platz zum Open-Air-Kino auserkoren und wir sehen uns, direkt nach unserem leckeren Abendessen, einen Harry-Potter-Film an – kostenlos.

Wo Bryan Adams geboren wurde

Das heutige Kingston trug ursprünglich den Namen Fort Frontenac und wurde 1673 von Franzosen als erste europäische Ansiedlung auf dem Gebiet des Indianerdorfes Catarqui gegründet. Erst fünfundachtzig Jahre später, 1758, wurde das Fort von britischen und irokesischen Soldaten eingenommen. 1784 siedelten sich etliche Loyalisten in der Stadt an, da sie die damaligen Vereinigten Staaten wegen ihrer Loyalität zur britischen Krone verlassen mussten. Zu Ehren des britischen Königs George III. nannten sie die Stadt „King's Town", woraus sich ab 1788 der heutige Name Kingston bildete. Von 1841 bis 1844 war sie sogar Hauptstadt der größten britischen Kolonien von Ober- und Niederkanada.

Heute sind die kanadischen Streitkräfte zusammen mit der Militärakademie, dem Royal Military College of Canada, mit rund 8.000 Arbeitnehmern die größten Arbeitgeber der Stadt, deren Wirtschaft stark von staatlichen und städtischen Dienstleistern geprägt ist. An der Queen's University, die seit 1841 besteht, sind rund 16.000 Studenten in 18 Fachbereichen eingeschrieben. Und nur wenige wissen, dass Kingston die Geburtsstadt von Bryan Adams ist.

Nach dem sehr ausgiebigen Frühstück in unserer schlossähnlichen Herberge, dem „Hochelaga Inn", das sich fußläufig zur Altstadt befindet und das wir gut kennen und schon des Öfteren frequentiert haben, sagen wir Kingston „adieu": Abfahrt nach Cornwall, um nochmals ganz in die Historie Kanadas einzutauchen. Wir wollen das Upper Canada Village besichtigen, was fast einen ganzen Tag beanspruchen wird. Unsere Erlebnisse in diesem Dorf habe ich bereits zu Beginn dieses Buches (siehe Kapitel I) geschildert.

So kommen wir erst gegen 19.00 Uhr in Montréal an, wo wir vor der Heimreise ins knapp 280 Kilometer entfernte Québec noch einen Stopp einlegen werden, um in unserer Lieblingspension „Le Gîte" bei Diane zu übernachten. Ganz in der Nähe liegt der Portugiese „Jano" auf dem Boulevard Saint Laurent, wo wir nach so viel Geschichte unseren Hunger mit einem knusprigen Hähnchen nach portugiesischer Art aufs Beste stillen. Der kommende Morgen beschert uns wieder einen herrlich sonnigen Augusttag und so entscheiden wir uns spontan für einen Besuch in der Altstadt von Montréal, um einmal ganz auf den Spuren von Touristen zu wandeln. Wir haben dazu in der Sommersaison keine rechte Gelegenheit, denn wir sind mit unserer eigenen Herberge gut beschäftigt.

Das Rathaus erinnert mit seiner Kuppel an das von Kingston. Es ist mit allerlei Flaggen bestückt, denn es sind Kommunalwahlen. Die Altstadt ist sehr belebt und voller Touristen, man kann im Vorbeigehen fast sämtliche Sprachen der Erde hören. Die Perdefuhrwerke – ganz nach dem Vorbild europäischer Metropolen – haben Hochbetrieb und ihr Hufgeklapper auf dem Kopfsteinpflaster bildet eine vertraute Geräuschkulisse, die uns an eine Reise nach Wien erinnert.

Die Altstadt beschränkt sich im Wesentlichen auf eine zentral verlaufende Fußgängerzone, die Rue Notre Dame, die von allerlei Restaurants und Souvenirshops gesäumt ist und vom imposanten Kuppelbau des Marché Bonsecours dominiert wird (siehe Fotoseite 7). Nach einer kurzen Kaffeepause im Café Cherier, unserem Geheimtipp weitab von den Besucherströmen, geht es schon zurück nach Québec, wo wir um halb acht Uhr eintreffen – einfach schön war es!

(Adressen im Prince Edward County im Anhang.)

Frühling in den Rockies

Eine Geschichte über unseren Road-Trip durch die kanadischen Rocky Mountains – von Calgary über Banff, Revelstoke und Kelowna bis hin zur Pazifikküste.

Wir sind hundemüde und es ist noch dunkel draußen. Aber für den Flug von Québec-City nach Calgary müssen wir bereits um Viertel nach drei in aller Herrgottsfrühe aufstehen. Die Maschine der kleinen kanadischen Gesellschaft WestJet geht bereits um 6.25 Uhr. Aber die Vorfreude auf eine spannende Reise hat Marie und mich wach gemacht und uns beiden den Adrenalinspiegel hochgejagt. Das Frühstück nehmen wir erst am Flughafen ein. Wir wollen uns die Rocky Mountains anschauen, mit dem Leihwagen von Calgary nach Banff über Kelowna und dann bis nach Vancouver fahren – und zwar früh im Jahr, Anfang April, weit ab von den sommerlichen Touristenströmen.

Der Flug ist ruhig und wir erkennen bei der Landung in Toronto die Skyline in der aufgehenden Sonne, um dann nach kurzem Aufenthalt auf dem Pearson Airport weiter nach Calgary zu fliegen. Dort kommen wir bereits um 11.00 Uhr vormittags an und nehmen unser Leihfahrzeug am Flughafen im Empfang. Unsere schicke, bordeaux-rote Chrysler-Limousine kostet nicht mehr als der von uns reservierte Wagen einer geringeren Kategorie, aber die sogenannte Rückführgebühr schlägt mit satten 400 Dollar zu Buche. Denn wir haben one-way gebucht und werden das Auto in Vancouver zurückgeben, um direkt von dort zurück nach Hause zu fliegen.

Es ist sonnig in Calgary und nach nur 20 Minuten über den Deer-foot-Trail, der in den Queen-Elisabeth-Highway mündet, vorbei am Alberta College of Art and Design, kommen wir in unserem Bed & Breakfast an, das nur in Fußweite zum Stadtzentrum in einem ruhigen Wohnviertel in Kensington Village liegt. Die Besitzer haben sich für die Schlüsselübergabe eine clevere Einrichtung neben der Haustür ausgedacht. Es ist ein winzig kleiner Safe, dessen Kombination man mit seiner Kreditkartennummer öffnen kann, um an die Zimmerschlüssel zu gelangen. Da kommt auch schon Deanne, um uns persönlich zu begrüßen und uns mit ersten Information über das B&B und die Stadt zu versorgen. Sie ist ehemalige Küchenchefin, hatte früher ihr eigenes Restaurant, um dann für ihre Freundin Diana im B&B zu arbeiten, welche die Inhaberin des netten, kleinen Hauses ist. Wir erfahren, dass sie noch ein zweites B&B direkt neben unserem betreibt und in der Sommersaison immer voll belegt ist. Deanne hat also immer genug zu tun, um für die insgesamt zehn Zimmer das Frühstück zuzubereiten.

Calgary – Hauptstadt der Cowboys

Wir haben auf einmal riesigen Hunger bekommen und gehen zu Fuß Richtung Downtown, bleiben aber auf der Strecke in einem netten kleinen Café „Wake - Gelato & Breakfast" neben der Kensington Street hängen, wo es auch Mittagstisch gibt. Nach einer fantastischen, hausgemachten Champignon-Cremesuppe und einem heißen Truthahn-Sandwich mit Salatbeilage setzen wir unsere Tour in die City fort, es ist fast drei Uhr Nachmittag. Beim Gang über die ganz im Stile europäischer Brückenarchitektur gehaltene Louise-Bridge, die den Bow River überspannt, bemerken wir die meterdicken Eisflötze, die das Flussufer und die Sandbänke noch teilweise überdecken. Die Bäume haben noch keine Knospen und das Gras ist noch bräunlich gelb. Die Luft ist lau und von Weitem sehen wir die schneebedeckten Gipfel der Rockies – es ist Frühling in Alberta. Im Stadtpark, dem Eau Claire Park, ist ein Schild mit einer Warnung vor Kojoten aufgestellt, die im Park vorkommen sollen (siehe Fotoseite 6). Die Prärie kann also nicht weit sein. Ja, laufen tut so gut nach einem ganzen Tag im Flugzeug und im Auto und wir flanieren bis zum Eau-Claire-Market, einer überdachten Markthalle mit Kneipen, Kino und allerlei Shops.

Die vielen, ultramodernen Hochhäuser des Stadtzentrums geben uns einen ersten Eindruck von Calgary. Es ist eine kanadische Großstadt mit knapp 1,5 Millionen Einwohnern einschließlich der Metropolregion. Immerhin haben rund 400 Ölfirmen dort ihren Hauptsitz, denn Alberta ist die Provinz mit fast unerschöpflichen Vorkommen an Ölsanden, die bereits in den 40er Jahren weiter im Norden entdeckt wurden. Calgary selbst erlangte aber erst internationale Bekanntheit, als dort 1988 die olympischen Winterspiele abgehalten wurden. Die Provinz Alberta ist jedoch immer noch ein Agrarland und von der Rinderzucht geprägt, was wir beim Spaziergang durch die Stadt an den vielen Cowboys mit ihren auffallenden Hüten bemerken. Auch erfahren wir, dass die weltgrößte Rodeo-Show, die „Calgary Stampede", jedes Jahr im Juli stattfindet.

Wir kehren schon bald in unser B&B zurück, denn am Abend steht ein Treffen mit meinem Studienfreund aus Stuttgart auf dem Programm, mit dem wir Abendessen gehen wollen. Er ist im Jahr 2005 nach Alberta ausgewandert und lebt in der Nähe von Calgary in Acme, „bloß" 80 Kilometer mit dem Auto. Als wir eintreffen, wartet Robert längst vor dem Haus, lässig an seinen Pick-up-Truck gelehnt, Schirmmütze auf und Zigarette rauchend wie eh und je. In seinem breiten Schwäbisch erzählt er uns sein Leben als LKW-Fahrer. Das mache er jetzt schon zehn Jahre, denn sein Beruf als Grafik-Designer in Deutschland habe ihm am Ende gar nicht mehr gefallen: „Woisch, s'isch halt zua viel Sträss gwäh!" Außerdem lebt sein Onkel seit längerer Zeit in Kanada, der ihm die Einwanderung wesentlich erleichtert hatte.

Das Restaurant zum Abendessen gleich um die Ecke hat uns Deanne empfohlen, wenn wir Lust auf richtige italienische Pizzas haben sollten. Nach nur fünfminütigem Fußmarsch erreichen wir das „Ristorante Pulcinella" und man serviert uns sehr guten kanadischen Weißwein, den wir auf unserer Reise noch öfters genießen werden. Beim Blick auf die Teller des Nachbartisches reduzieren wir kurz vor unserer Bestellung noch die Portion, denn eine einzige Pizza für Marie und mich ist vollkommen ausreichend. Die Teller sind riesig. Aber Robert, unser Trucker, hat ausreichend Appetit für eine ganze. Und richtig, wie von Deanne vorausgesagt, die Pizza schmeckt fast wie in Italien! Robert muss am kommenden Tag früh raus und so wird der Abend nicht allzu lang. Wir verabschieden uns herzlich: „Hoat meh echt g'freit!", sagt Robert und setzt sich wieder in seinen Pick-up.

Am nächsten Tag, nach einem reichhaltigen, warmen Frühstück, das unserer Küchenchefin alle Ehre macht, fahren wir die rund 130 Kilometer auf dem weltberühmten Trans-Canada-Highway weiter nach Banff durch die hügelige, in allen Braun- und Beigetönen vor uns sich ausbreitende Prärielandschaft der Vorgebirge der Rockies (siehe Fotoseite 9). Die Vegetation links und rechts verändert langsam aber stetig das Landschaftsbild und wird zu dichtem Nadelbaumwald, der uns noch viele weitere Kilometer begleitet.

Leider ist es heute bedeckt und erst kurz nach Canmore sehen wir aus den Wolken einige Berggipfel auftauchen sowie eine Halte-stelle mit einigen Blockhäusern – direkt an der Autobahn. Ja, wir sind schon da, es ging eigentlich ganz schnell und wir lesen auf dem nicht zu übersehenden Schild: Banff National Park of Canada, East Gate. Man fragt uns, wie lange wir bleiben wollen, es kostet pro Tag 19,60 Dollar Eintritt – taxes included!

Banff – Kanadas ältester Nationalpark

Wir wollen zwei volle Tage bleiben und kommen kurz nach Mittag im kleinen Städtchen Banff, dem touristischen Zentrum des größten und ältesten Nationalparks von Kanada, bei unserer nächsten Herberge an. Lynne, die Besitzerin heißt uns in Form eines handgeschriebenen

Zettels, der an der Haustüre klebt, willkommen. Sie entschuldigt sich, dass sie wohl erst am späten Nachmittag zurückkommen wird, denn sie ist mit ihrem Mann Ecki heute zum Skifahren nach Lake Louise gefahren – wegen der guten Schneebedingungen.

Wir sind also wieder mitten im Winter gelandet, der uns obendrein mit leichtem Schneefall und Temperaturen um den Gefrierpunkt begrüsst. Ja, der Frühling in den Rocky Mountains beginnt ein wenig später als auf dem flachen Land, damit hatten wir gerechnet. Wir beziehen unser Zimmer, denn die Schlüssel sind im Briefkasten hinter dem Haus deponiert worden. Es ist sehr schön, hat ein großes Bad mit Fenster und ein King-Size-Bett – sehr wichtig für meine stattliche Körpergröße – mit Blick auf die wolkenverhangenen Berggipfel. Als kleines Trostpflaster ist das Zimmer mit vielen Schönwetterfotos der bekannten Dreitausender des Nationalparks geschmückt.

Wir machen einen Spaziergang ins Städtchen. Die Ortschaft liegt exakt auf 1.384 Metern Höhe. Die Straßen sind hier sinnfällig nach Tieren benannt, man sieht die Beaver-, die Otter-, die Wolf- oder die Elk-Street. Wir wohnen in der Muskrat-Street (Muskrat = Bisamratte), nur wenige Querstraßen vom Zentrum entfernt. Wir wollen auf die Banff Avenue zum Kaffee trinken, finden dort „Evelyn's Coffee Bar" und bestellen zwei Café Latte, medium-size, zusammen mit einem Apple-Pie. Als die Serviererin uns ganz cool die Sachen bringt, traue ich kaum meinen Augen. Der Apple-Pie hat Dimensionen, um eine vierköpfige Familie satt zu machen, das Glas Latte medium-size ist ein ordentlicher Halbliter Becher. Wir haben uns noch nicht so ganz an die riesigen Portionen im Westen Kanadas gewöhnt, aber Marie und ich verspeisen den ganzen Kuchenberg – sozusagen als Ersatz fürs Mittagessen.

So gestärkt schlendern wir die Hauptstraße hinunter bis zum Banff Museum ganz am Ende der schnurgeraden Straße. Es hat aufgehört zu schneien. Angeblich sind dort über fünftausend verschiedene Tierarten ausgestellt, die alle im Nationalpark vorkommen sollen. Gut vorstellbar, hat der Park doch eine Gesamtfläche von 6.641 Quadratkilometern (!) aufzuweisen. Zum Vergleich: Der größte deutsche Nationalpark Bayrischer Wald hat gerade mal 242 Quadratkilometer! Ein prächtiger, zweistöckiger Blockhausbau steht neben einem Schild

„National Historic Site", das mich amüsiert, denn das Museum wurde erst 1908 gegründet und ist damit für kanadische Verhältnisse bereits „historisch". Auf dem Gelände war früher sogar ein kleiner Zoo untergebracht, der aber in den 30er-Jahren mangels Besucher wieder schließen musste. Der ausgesprochen freundliche Museumsangestellte plaudert ein wenig mit uns, denn wir sind heute die einzigen Besucher und er hat offenbar mehr Zeit als sonst.

Die Hot Springs– ökonomischer Dreh- und Angelpunkt

Wir beschließen, noch heute zu den Hot Springs, den heißen Quellen, zu fahren, die jeden Tag bis 21.00 Uhr geöffnet sind. Man muss leider das Auto nehmen, denn sie liegen eine gute Strecke außerhalb der Ortschaft mitten in den Bergen. Also nichts mit spazieren gehen. Nach kurzer Autofahrt sind wir da und der Parkplatz liegt noch voll und ganz im Schnee. Die Thermalquellen waren seit der Besiedelung der Gegend eigentlicher Anziehungspunkt für Touristen aus ganz Nordamerika. Neben Banff als Zentrum der Holzwirtschaft bildeten sie schon immer den ökonomischen Dreh- und Angelpunkt der gesamten Region.

Das Eintrittsgeld ist mit 7 Dollar pro Person ausgesprochen angemessen, da der Betrieb staatlich ist und subventioniert wird, was in Kanada nicht immer selbstverständlich ist. Beim Gang in das dampfende Wasser glaubt man kaum, später mit dem ganzen Körper eintauchen zu können, so heiß erscheint es. Aber alles ist bekanntlich Gewöhnungssache und mit langsamen Schritten erreichen Marie und ich den Tiefwasserbereich im Freien des Beckens, das einem Thermalbad in Deutschland nicht unähnlich ist. Ganz besonders prickelnd ist es, wenn man sich nach einiger Zeit im heißen Wasser auf den Beckenrand setzt und sich die kalten Schneeflocken auf den Rücken rieseln lässt, um dann wieder ins wohlig warme Wasser zurückzugleiten. Denn es schneit wieder ein bisschen – wir sind ja in den Bergen.

Baden macht hungrig und wir folgen einer Empfehlung der Küchenchefin aus unserem B&B in Calgary: „Das beste Fleischfondue bekommt ihr im ‚Grizzly House'." Gesagt, getan, nur wenige

Fußminuten von unserer Herberge entfernt finden wir am Abend auf der Banff Avenue das „Grizzly House", das schon beim Eintreten nach gekochtem und gebratenem Fleisch duftet. Das Restaurant ist im Stile eines Blockhauses eingerichtet und mit allerlei Jagdtrophäen an den Wänden dekoriert, darunter auch ein Bisonkopf und die obligatorischen Hirschgeweihe. Da das großräumige Restaurant keine Fenster hat, die Beleuchtung spärlich-romantisch ist, fühlt man sich eher wie in einer Höhle. Wir bestellen uns ein Fleischfondue, aber aus bisherigen Erfahrungen schlauer geworden, nur eine Portion für zwei. Und wie es sich später herausstellt: es reicht dicke für uns Beide und wir sparen obendrein noch ein wenig für unsere Reisekasse. Auf dem Nachhauseweg fängt es wieder an zu schneien und wir sind froh, dass es in unserem B&B eine Möglichkeit gibt, einen heißen Kräutertee zu kochen, mit dem wir den ersten Tag in den – bisher noch nicht erblickten – Bergen, beschließen wollen.

Der zweite Tag in Banff beginnt mit „Baked Eggs", die uns Lynne, die Besitzerin unseres B&B, liebevoll zum Frühstück zubereitet. Heute ist das Wetter wieder etwas trübe und der Himmel bedeckt, aber wir wollen trotzdem zum berühmten Lake Louise fahren, der rund eine Autostunde entfernt und über die Autobahn bequem erreichbar ist. Doch je weiter wir in die Berge hineinfahren, umso mehr Schnee gibt es um uns herum. Mir schwant Schlimmes und als wir endlich am See ankommen, liegt er im Nebel vor uns – als ein einziges, riesengroßes, ebenes und weißes Schneefeld. Logisch, dass er noch zugefroren ist, obendrein auf über 1.600 Metern. Also nix mit tiefblauem, türkis schimmerndem Wasser in grandioser Hochgebirgskulisse. Nur wenige Touristen sind da, die verzweifelt trotzdem ihre Erinnerungsfotos schießen. Ich denke mir nur, ein Foto vom berühmten Lake Louise im Winter hat auch nicht jeder! Wir gehen noch ein wenig auf der geräumten Hauptstraße spazieren, wo sich links und rechts der Schnee noch auf gut zwei Metern auftürmt und kommen bis zum Hotel „Château Lake Louise", dem eleganten Fünf-Sterne-Haus. Es wurde 1890 erbaut und erinnert uns unweigerlich an den Hollywoodfilm „Shining", wie es so da liegt, ganz einsam, inmitten der tief verschneiten Natur.

Berühmt – Lake Louise und Bow Valley Parkway

Zurück im Dorf, das ebenfalls Lake Louise heißt und mehr einer Ferienhaussiedlung in den österreichischen Alpen ähnelt, besuchen wir das Visitor Center. Es ist in einem modernen, sehr hohen Natursteingebäude samt einem super interessanten Museum über die Geologie sowie die lokale Flora und Fauna untergebracht ist. Marie freut sich, dass alles auch in ihrer Muttersprache, auf Französisch, beschrieben ist, wie übrigens in allen staatlichen Institutionen in Kanada. Das Schild am Eingang erinnert uns nochmals eindringlich an die aktuellen Wetterbedingungen: Heute 10 bis 15 cm Neuschnee, heute Nacht minus 6 Grad, morgen nochmals Neuschnee, übermorgen Sonne bei maximal 1 Grad plus. Ein Lichtblick, denn wir müssen über einige höher liegende Pässe bis nach Kelowna gelangen und ich mache mir doch ein wenig Sorgen. Winter hatten wir erwartet, aber doch nicht mehr soo viel Winter!

Jedenfalls muntert uns die ausgesprochen freundliche Mitarbeiterin der Touristen-Information, ebenfalls auf Französisch, ein wenig auf und empfiehlt uns, anstatt auf dem Highway besser auf dem Bow Valley Parkway zurück nach Banff zu fahren und unterwegs noch den Johnston Canyon zu besuchen. „Es lohnt sich – am Morgen haben Besucher einige Hirsche gesehen!", erzählt sie uns mit leuchtenden Augen. Als wir wieder ins Freie treten, blendet uns strahlender Sonnenschein. Tatsächlich, im Gebirge ändert sich das Wetter wirklich im Minutentakt. Ja, sie hatte recht gehabt bei der Touristen-Information: Der Bow Valley Parkway ist wirklich wunderschön. Wir sind mit dem Auto ganz alleine unterwegs inmitten der totalen Natur. Der Schnee auf der Straße ist fast weggeschmolzen und die hin und wieder durchbrechende Sonne erwärmt unser Gemüt und die Luft draußen (siehe Fotoseite 13), was uns auf dem knapp zweistündigen Spaziergang zum tief in die Berge eingeschnittenen „Johnston Canyon", den wir bald erreichen, zu Gute kommt, wo die Wasserkaskaden, wie könnte es anders sein, noch gefroren sind und in allen Blautönen schimmern. Wer einmal die Partnach Klamm im bayrischen Garmisch im Februar besucht hat, weiß, was ich meine.

Nach kurzer Pause in unserer Bed & Breakfast-Pension beschließen wir, das „Banff Springs Hotel" zu besichtigen, denn das Wetter klart langsam auf und lässt blaue Himmelsfetzen durch die immer dünner werdenden Wolken scheinen. Das Fünf-Sterne-Hotel gehört, wie das „Château Lake Louise", zur vornehmen Fairmont Hotelgruppe, einem weltweit operierenden Unternehmen mit Sitz in San Francisco, das derzeit 63 Spitzenhäuser betreibt und so imposante Besitzungen hat wie das „Savoy" in London, das „Château Frontenac" in Québec-City, das „New York Plaza" oder den „Massai Mara Safari Club" in Kenia. Das Hotel in Banff hat sogar seine eigenen Thermalquellen, die ausschließlich den Hotelgästen zur Verfügung stehen. Wenn man den stattlichen Ballsaal im mittelalterlichen Burgenstil betritt, kann man ein wenig die Personenzahl abschätzen, die sich hier zum Stehempfang einfinden könnte.

Auf der Rückfahrt ins nahe Städtchen erleben wir noch die große Überraschung des Tages: Einige Hirschkühe haben sich – direkt neben der stark befahrenen Hauptstraße – zum abendlichen Schmaus der ersten frischen Gräser eingefunden. Als passionierter Hobbybiologe bleibt mir schier das Herz stehen, denn so nah kann man an Wildtiere nur im Zoo herankommen. Aber hier stehen sie vor uns, es sind nur wenige Meter, ohne Zaun, ohne Mauer, wirklich frei lebend (siehe Fotoseite 11). Es ist aufregend und ich zücke meine Kamera. Aber sie schauen mich nur unbeeindruckt an, denn sie sind bereits an die vielen Touristen gewöhnt und wissen, dass man ihnen nichts Böses will. Also bleiben sie stehen, wo sie sind und äsen in aller Ruhe weiter.

In Banff machen wir noch eine kleine Stippvisite in der örtlichen Stadtbibliothek, die in einem modernen Gebäude in Holzarchitektur einquartiert ist. Sie ist heute gut besucht, sicher wegen des unsteten Wetters. Wir wollen nur einmal unsere elektronische Post abrufen, was in jeder öffentlichen Bibliothek in Kanada kostenlos möglich ist, denn unsere Computer haben wir absichtlich nicht mitgenommen – wir sind schließlich im Urlaub.

Nach diesem aufregenden Tag wollen wir uns ein wenig verwöhnen und Marie hat – mit ihrem Spürsinn für feine Plätze – ein gutes Restaurant auf der Banff Avenue ausgewählt. Es heißt „El Torro" und soll für seine exquisiten Tapas bekannt sein. Kaum sitzen wir an unserem Fensterplatz, sehen wir nochmals zwei junge Hirschkühe die Hauptstraße überqueren, um dann ganz gemütlich und ohne Eile wieder in einem der Gärten zu verschwinden. Ja, so etwas erlebt man doch nur in einem richtigen Nationalpark.

Als unsere Bedienung bei der Bestellung den französischen Akzent von Marie bemerkt, gibt sie sich als gebürtige Französin zu erkennen: „Je m'appelle Martine!", sagt sie. Sie sei schon ein Jahr zusammen mit ihrem Freund unterwegs, der als Koch in der Küche desselben Restaurants arbeitet. Wir bestellen uns nach einer deftigen „Fisherman's Soup" zur Vorspeise vier verschiedene Tapas, die wirklich ausgezeichnet sind, zusammen mit dem kanadischen Weißwein „Gray Monk", einem feinen Pinot Grigio aus der Okanagan Valley Region. Ein kleiner Vorgeschmack auf unser nächstes Ziel.

500 Kilometer durch die Bergwelt

Am folgenden Morgen verzaubert Sonnenschein mit strahlend blauem Himmel die ganze Gegend, als wir aus dem Panoramafenster unseres B&B schauen. Ja, endlich freier Blick auf die unglaubliche Bergwelt ringsum. Der Hausberg von Banff, der Cascade Mountain, erhebt sich mit knapp 3.000 Metern majestätisch vor uns (siehe Fotoseite 4) sowie der Mount Norquay gleich links daneben mit über 2.400 Metern Höhe und weiter hinten Mount Edith und Mount Cory in ähnlicher Höhe, alle schneebedeckt. Ich verstehe nun die Faszination der Leute, die diese Region im Sommer besuchen. Dann sollen die Schönwetterphasen wesentlich länger sein als in den Übergangsmonaten, ganz abgesehen von den unendlichen Wander- und vielen Sportmöglichkeiten im Nationalpark.

Wir wollen früh los, denn heute stehen knapp 500 Kilometer auf dem Programm – obendrein über mehrere Pässe. Auch kennen wir den Osterverkehr in den Rockies nicht – heute ist Karfreitag. Nach meiner vorsichtigen Nachfrage bei unserer Herbergsmutter bestätigt uns diese, dass alle Pässe für die Durchfahrt geöffnet sind und dass keine größeren Schneefälle zu erwarten sind. „Aber das kann sich hier stündlich ändern!", versichert sie uns augenzwinkernd, während wir die vereisten Windschutzscheiben unseres Autos frei kratzen. Nochmals zur Tankstelle, dann gehts los auf dem Trans-Canada-Highway über Golden und Revelstoke nach Sicamous, dann weiter auf der Nationalstraße 97 bis Kelowna, der Hauptstadt am Okanagan Lake (sprich: Okenhagen Leik). Wir haben uns für 18.00 Uhr im nächsten B&B angekündigt und hoffen, dass wir pünktlich ankommen werden.

Unfassbar: Stau inmitten der Rocky Mountains

Wir genießen das hervorragende Wetter und die berauschende Bergwelt, die sich an beiden Seiten des Trans-Canada-Highway, der hier Icefield Parkway heißt, auftut, wie im Bilderbuch: Da sind der Mystic Peak und Eisenhower Peak, Castle Mountain und Protection Mountain, Mount Avens, Mount Ishbel und Whitehorn Mountain sowie in der Ferne die Gipfel des Yoho-Nationalparks, wie der Pope's Peak mit knapp 3.400 Metern. Aber, wie es der Teufel will, kurz nach der Abzweigung der Nationalstraße 97, die nach Jasper führt, wird der Verkehrsfluss langsamer und langsamer, bis er vollständig zum Erliegen kommt – Stau. Alles steht und nach einer halben Stunde steigen einige aus ihren Autos. Ich komme mit dem Autonachbarn ins Gespräch und erfahre, dass kurz vor Golden – das sind noch knapp 80 Kilometer von unserem jetzigen Standpunkt – vier große LKWs in einen Unfall verwickelt sein sollen und die Straße erst am Nachmittag, er sagt „in the afternoon", wieder geöffnet werden soll. Auf meine Rückfrage, was man denn genau mit „in the afternoon" meint, antwortet ein vorbei kommendes Stauopfer: „Now it's twelve o'clock, so in about 45 minutes they will re-open the highway." Wir hoffen, er hat Recht und nach dem Motto „Kein Nachteil ohne Vorteil" fotografiere ich ausgiebig die Bergwelt in der Mittagssonne sowie den Stau, Marie sonnt sich ein wenig. Denn das glaubt uns sonst keiner zu Hause: Stau inmitten der Rocky Mountains – undenkbar!

Um 13.35 Uhr geht es weiter und wir erreichen den höchsten Punkt unserer Reise auf knapp 1.700 Metern Höhe über dem Meeresspiegel, den Kicking Horse Pass, der gleichzeitig die Grenze zu British Columbia bildet. Das Wetter ist wieder wolkig und wir fahren an einem Bergdorf namens Edelweiss vorbei. Nach schlappen 150 Kilometern und rund 2 Stunden Fahrzeit erreichen wir den Rogers Pass, der nur noch auf 1.380 Metern knapp unter der Baumgrenze liegt. Das kleine Besucherzentrum, das gleichzeitig die geografische Mitte des Glacier National Parks bildet, liegt noch unter Schneebergen begraben, die bis zum vier Meter hohen Dach reichen. Der Parkplatz davor ist jedoch längst von der starken Sonne schneefrei geschmolzen worden – Frühling in den Rockies! Wir machen kurz Rast für eine Pipi-Pause und ich studiere die angeschlagenen Lawinenwarnungen für heute: „Friday: moderate".

Nach weiteren 70 Kilometern durch den immer noch dichten Nadelwald rechts und links der Strecke wollen wir in Revelstoke, bekannt durch seinen eigenen Nationalpark, eine Kaffeepause machen und finden im „Conversations Coffee House" für unseren Geschmack absolut die richtige Adresse. Der Schnee ist nun komplett verschwunden, die Sonne scheint warm und ein Pärchen hat es schon gewagt, seinen Kaffeetisch auf das Trottoir zu stellen. Da wir noch 200 Kilometer vor uns haben, sagen wir bald dem Mount Macpherson, der auf die Hauptstraße schaut und an den Lawinenspuren, die fünf Fingern ähneln, erkennbar ist, adieu, um unsere letzte Etappe für heute anzutreten. Nur noch ein letzter Pass ist kurz nach Revelstoke zu überwinden, der Eagle Pass, um am Mount Griffin vorbei über Malakwa den Shuswap River zu erreichen.

Von einer Zeitzone in die andere – einfach mit dem Auto

Die Umgebung hat sich nun in eine typische Voralpenlandschaft gewandelt, die uns unweigerlich an das schwäbische Allgäu erinnert und mir deshalb sofort vertraut vorkommt. Nur die Kühe auf der Weide fehlen noch. Natürlich ist alles noch nicht so grün wie im Sommer, aber je weiter wir auf das Seeniveau des Okanagan Lake hinunter gelangen, umso grüner wird auch die Vegetation. In Vernon, kurz vor dem Zielort, machen wir nochmals halt für eine kleine Pipi-Pause bei „Tim Horton's", der allbekannten Kaffee- und Kuchenkette Kanadas. Durch Zufall fällt mein Blick auf die Wanduhr, da ist es erst 17.00 Uhr. Aber auf meiner Armbanduhr ist es 18.00 Uhr. Ich frage zur Sicherheit den Angestellten, der mir die richtige Uhrzeit freundlich bestätigt. Klasse – wir brauchen also nicht in unserem B&B anrufen, um die Verspätung mitzuteilen. Wir haben an diesem Tag einfach die Zeitzone von der Mountain zur Pacific Time gewechselt – eine ungewöhnliche Tatsache.

Wir erreichen Kelowna, das sich wie alle kanadischen Städte sehr weitflächig ausdehnt und wunderbar im beliebten Okanagan Valley, auch als Tessin Kanadas bezeichnet, am gleichnamigen See liegt, der insgesamt 135 Kilometer lang ist, bis zu 230 Metern tief wird und mit 351 Quadratkilometern Oberfläche zu den größeren Seen von British Columbia gehört (siehe Fotoseite 11). Wir fahren am Flughafen vorbei, der mir fast größer erscheint als unser Flughafen in Québec. Und tatsächlich befördert er mit 1,602 Millionen mehr Passagiere pro Jahr als Québec City, obwohl die Stadt nur um die 120.000 Einwohner hat. Mit anderen Worten: Es müssen ausgesprochen viele Touristen jedes Jahr nach Kelowna kommen und ich frage mich, was wohl der Grund dafür sein könnte.

Es ist gerade Punkt 18.00 Uhr geworden und wir biegen nach einer kleinen Odyssee durch Weinberge und Obstplantagen in die Einfahrt unserer Bed & Breakfast-Pension ein, in der wir die kommenden zwei Tage bleiben werden – mitten im Neubaugebiet. Der Besitzer heisst Ralf, ist vor gut zwei Jahren hierher ausgewandert und hat mit seiner frankokanadischen Freundin Michelle das Haus gebaut, natürlich in Hanglage mit herrlichem Blick auf den See (siehe Kapitel III).

Es ist wie die Verwirklichung eines Traumes: Das Gebäude sieht von außen aus wie ein echtes Blockhaus, aus großen Baumstämmen und Holzbohlen, großzügige Fenster, das Fundament vollständig mit runden Kieseln verkleidet und das steil abfallende Gartengrundstück mit grob behauenen Natursteinen angelegt. Wir treten ein und werden herzlichst empfangen, Marie auf Französisch und ich auf Deutsch und man fühlt sich gleich mehr als willkommen, vor allem nach einem anstrengenden Tag mit Fahrten über die höchsten Pässe der Rocky Mountains. Das Innere des Hauses ähnelt eher einem Schloss als einer Bed & Breakfast-Privatpension, denn allein die Höhe der Räume ist atemberaubend. Die Ausstattung ist beinahe luxuriös, alles ist offen und großzügig angelegt, der Frühstückstisch mit Seeblick steht direkt neben dem Küchenbereich, daneben schließt sich der Salon mit offenem Kamin und Ledergarnitur an, alles ohne störende Mauern. Auch unser Zimmer ist dem entsprechend: die Decke ist bestimmt 5 Meter hoch, das Fenster im Bad hat Morgensonne, der Natursteinboden hat Fußbodenheizung und wir fallen in das wahrlich königliche Bett, das auf uns gewartet hat. Nach nur kurzer Pause meldet sich aber unser Magen und Ralf empfiehlt uns ein kleines Restaurant in Gehweite, wo wir nach kurzem Spaziergang in der lauen Abendluft den Tag beschließen. Im „The Crispy Coyote" gibt es Linguine mit Schrimps und Weißwein vom Peller-Estate in Niagara – ganz fein und sehr zu empfehlen.

Seepanorama wie in Oberitalien

Der nächste Morgen beginnt mit Sonnenschein, der uns motiviert, gleich früh am Tag das Frühstück zu genießen, das uns die Hausherrin persönlich serviert. Es gibt „Pain doré" und wir sind nicht alleine, denn ein Ehepaar aus China hat bereits im weitläufigen Frühstücksraum Platz genommen. Sie besuchen ihre Tochter, die in Vancouver gerade studiert. Heute ist ein echter Frühlingstag und Ralf empfiehlt uns, den Farmers and Crafters Market zu besuchen, der nur samstags stattfindet. Also los geht's! Wir erstehen dort ziemlich hübsche Souvenirs in der warmen Frühlingssonne. Wir haben nun endlich den Winter hinter uns gelassen. Die Wiesen hier sind schon hellgrün, nur die umliegenden Berge sind ganz oben noch etwas weiß überzuckert. Wir gehen weiter bis zum See, in dem man ab Mitte Mai schon baden kann, wie uns Ralf bestätigte. Natürlich gibt es auch hier, wie an jeder größeren Wasserfläche in Kanada, einen riesengroßen Jachthafen, an dem wir bei unserer Stadterkundung vorbeikommen, um zum Stadtpark zu gelangen, der ebenfalls direkt am See liegt und der am Samstag Mittag bereits gut frequentiert wird. Kein Wunder, bei dem Wetter! Ich finde überhaupt, dass dieses Panorama gut in die Schweiz, zum Bodensee oder nach Oberitalien, passen könnte – nur nicht nach Kanada. So verstehe ich auch, dass um die vorige Jahrhundertwende viele deutsche und österreichische Auswanderer sich hier heimisch gefühlt und die hohe Kunst des Weinanbaus hierher gebracht haben. Denn erst durch seine hervorragenden Weine wurde Kelowna über seine Grenzen hinaus bekannt. Wir erfahren später außerdem, dass die Anbauflächen in den letzten Jahren deutlich zugenommen haben.

Nach dem Mittag im „Bohemian Cafe" auf der Bernard Avenue, der wichtigsten Einkaufsstraße im Stadtzentrum Kelownas, fahren wir an das Westufer auf die andere Seite des Sees. Wir wollen heute die geplante Wein-Tour machen und einige Weingüter besuchen, denn an dieser Seeseite soll es die meisten geben. Da ich in einem Weinbaugebiet in Süddeutschland aufgewachsen bin, weiß ich natürlich, warum: Wegen der Sonne, die an Westhängen länger scheint und somit den besten Tropfen ergibt. Und tatsächlich, wir fahren wirklich auf kurviger Strecke, dem Westside Wine Trail, durch ausgedehnte Rebstockhänge und Weinfelder, alles mit Blick auf den Okanagan Lake. Erster Stopp ist bei der „Mt. Boucherie Estate Winery", die uns aber mangels Atmosphäre nicht so gut gefällt. Jedoch der Sauvignon, den wir probieren, ist ganz prima.

Nein, heute suchen wir etwas anderes und einige Kilometer weiter stoßen wir auf die „Quail's Gate Winery", die bereits mit ihrer Architektur im Bauhaus-Stil Eindruck auf uns macht. Beim Eintritt ins Hauptgebäude werden wir nett empfangen und gleich zur Weinprobe eingeladen. Aber am Tresen des Weinshops mit anderen Touristen guten Wein zu probieren, ohne eine Kleinigkeit zu Essen, dazu noch im Stehen ist ganz und gar nicht nach unserem Geschmack. Doch die etwas ältere Mitarbeiterin kann offenbar unsere Gedanken lesen und sie deutet mit dem Finger aus dem Fenster: „There is our restaurant, you can taste our wines there!" Gute Idee und wir gehen in das kleine Restaurant unmittelbar neben dem Hauptgebäude, es hat sogar eine Terrasse in der Sonne mit Blick auf Kelowna, den See und die Berge. Als unsere Kellnerin Joy auch noch einen „Wine Flight" anbietet und uns dazu eine ausgesuchte Käseplatte bringt, ist der Nachmittag perfekt: Herz, was willst du mehr! Mit dem „Wine Flight" bekommt man drei verschiedene Weinsorten zur Degustation. Pro Glas 1 oz (rund 30 ml), die man aus dem aktuellen Angebot aussuchen kann und im Shop des Weingutes selbstverständlich erstehen kann. Marie probiert den Chardonnay, Jahrgang 2005, 2006 und 2007, ich versuche drei verschiedene Dessertweine, einfach genial! Leicht beschwipst legen wir uns auf eine der angrenzenden Wiesen in die Sonne und genießen den ersten so richtigen Urlaubstag, wie wir beide einmütig feststellen. Für den Abend ist der ganz heiße Tipp von Michelle und Ralf das Bistro eines weiteren Weingutes, das wir von unserem B&B bequem zu Fuß erreichen können. Wir sind noch etwas müde von unserem Nachmittagserlebnis und gehen gerne die 20 Minuten bis zur „Summerhill Winery". Beim Eintritt werden wir mit einem Glas Prosecco empfangen, womit sich die Besitzerin entschuldigen möchte, dass noch kein Tisch für uns frei geworden ist. Einfach super nett, wir hatten ja gar nichts reserviert. Das Abendessen dort ist, wie der Wein, fantastisch, außerdem haben wir Ausblick auf den See und die untergehende Sonne. Nach so viel Weinprobe wird der Abend nicht lang und wir fallen früher als gewohnt in unsere königliches Kingsize-Bett. Am kommenden Tag beenden wir ja unsere Rocky Mountains Tour, denn wir wollen nach Vancouver weiter, es sind noch knapp 400 Kilometer.

Nach herzlichen Wünschen unserer beiden Gastgeber zum Ostersonntag – den Feiertag hatten wir total vergessen – und einem ausgiebigen Osterfrühstückstisch verlassen wir unsere luxuriöse Bleibe und danach Kelowna über die erst vor vier Jahren neu erbaute William A. Bennet Bridge, eine geniale Schwimmbrückenkonstruktion, immer Richtung Westen. Es geht nochmals ins Hochgebirge hinauf bis auf über 1.600 Meter, hinein in den Winter, abermals mit Schnee. Ab hier ist die Nationalstraße 97 C vierspurig ausgebaut und es ist kaum Verkehr. Jedenfalls wesentlich weniger als auf der Herfahrt, bis wir auf etwa der halben Wegstrecke das auf den ersten Blick verschlafene Bergstädtchen Hope („Hoffnung") erreichen. Ein viel sagender Name.

Kleines Städtchen namens Hoffnung

Es wurde 1848 als Handels- und Versorgungsplatz von der Hudson's Bay Company begründet, lag während des Goldrausches um 1860 strategisch günstig auf dem Durchgangsweg und ist heute lokaler Verwaltungssitz der Region am Fraser River, bekannt für seine immensen

Lachsvorkommen. Wir machen Kaffeepause im „Blue House", dem Laden, wo die meisten Pick-up Trucks parken, denn das ist immer ein Zeichen für gute Qualität. Es liegt direkt gegenüber dem Rathaus von Hope, hinter dem sich für den überschaubaren Ort mit knapp 6.000 Einwohnern ein doch recht stattlicher Stadtpark anschließt. Er zeigt uns die ersten Sequoias unserer Reise – Mammutbäume mit sicherlich über 20 Metern Höhe – spektakulär! Wir entdecken im lokalen Visitors Guide auf 60 voll gespickten Seiten eine unglaublich große Anzahl an Attraktionen, die man das ganze Jahr über in und um Hope besuchen kann. Ich werde auf eine Zahl in diesem reich bebilderten Touristenführer aufmerksam: pro Jahr sollen durch die Gemeindegrenzen rund 7 Millionen Fahrzeuge fahren, zählt man den Verkehr der vier Highways 1, 3, 5 und 7 zusammen. Oder pro Tag sage und schreibe zwanzigtausend (!).

Wir bemerken beim Blick um uns herum, dass wir immer noch mitten in den Bergen sind, obwohl deren Höhe langsam abnimmt. Die höchsten Erhebungen in Sichtweite sind der Ogilvy Peak mit knapp 1.700 Metern und der Hope Mountain mit 1.840 Metern. Wir nehmen unsere letzte Etappe in Angriff und biegen wieder auf den Trans-Canada-Highway ein, der direkt durch Hope und weiter am berühmten Fraser River entlang führt. Die Landschaft wird langsam flacher und immer grüner. Wilde Osterglocken leuchten gelb am Straßenrand, die Obstbäume blühen in allen Rosatönen, das frühlingshafte Laub ist bereits hellgrün gefärbt bis wir über Chilliwack und Abbotsford am späten Nachmittag die Stadtgrenzen von Vancouver erreichen, wo wir eine ganze Woche bleiben wollen, um die „Perle am Pazifik" im Kalifornien Kanadas kennen zu lernen. Aber das ist eine andere Geschichte. (siehe Kapitel IV, Vancouver)

(Adressen in Calgary, Banff, Kelowna und Hope im Anhang)

Kapitel V – Essen und Trinken

Leckereien aus Neu-Frankreich – Rezepte à la Québécoise

Kulturhistorische Einführung in die Küche Kanadas und die für den Osten von Kanada typischen und sehr leckeren Spezialitäten sowie Anregungen zum Selberkochen einiger der traditionellen, kanadischen Speisen.

Im Laufe der nunmehr 400-jährigen Geschichte Kanadas haben vor allem die Hausfrauen, als professionelle Küchenchefs, die für Kanada typischen Gerichte erfunden. Beeinflusst worden ist diese einzigartige Küche durch die berühmte Kochkunst der Franzosen, durch die jahrhundertealte Nahrungszubereitung der Ureinwohner Kanadas aber auch von der traditionellen britischen Küche.

Die typische Mahlzeit der ersten kanadisch-französischen Siedler vom Beginn des 17. bis hinein ins 20. Jahrhundert setzte sich im Wesentlichen aus Schweine- und Rindfleisch, Brot und allerlei lokalem Gemüse zusammen. Die Einfuhr anderer Lebensmittel aus Europa war zu der Zeit noch viel zu kostspielig und obendrein zu langwierig. In den Sommermonaten gab es auch schon einmal Wildbret oder Hühnchen, gefüllt mit wilden Kräutern, dazu frisches Gartengemüse, Salate und Obst. Frisch gefangene Fische, wie Forelle oder Lachs sowie allerlei Krustentiere standen ebenso auf der sommerlichen Speisekarte.

Im Winter versorgte sich die Hausfrau aus ihrem Keller, vor allem mit Möhren, Rüben, Winterrettich, allerlei Kohlgemüsen und natürlich Kartoffeln. Der Keller diente darüber hinaus als kühler Lagerplatz für Eingemachtes sowie für konservierte Lebensmittel, die man in Tongefäßen aufbewahrte. Kleine Gurken wurden in Essig eingelegt. So genannte „Ketchups", eine Mischung aus Zwiebeln, Tomaten und Rüben, wurden mit leicht süßsaurer Soße eingemacht. Obst wurde zu Marmelade und Kompott verarbeitet. Zur Konservierung pökelte man das Fleisch und Fisch lagerte man ihn gesalzenem, getrocknetem oder auch in geräuchertem Zustand. Im Wesentlichen also nicht anders als in Europa.

Später dann, ab Mitte der 1970er Jahre, wurde die kanadische Küche ausgesprochen vielfältig – durch Einwanderer aus über 100 verschiedenen Ländern der Erde. Fast jede heute in Kanada lebende Familie hat eigene Traditionen und Geschmacksvorlieben aus ihrer Heimat mitgebracht, an das in Kanada vorhandene Zutatenangebot angepasst und im Laufe der Zeit verfeinert und weiter entwickelt. Man kann heute mit Fug und Recht behaupten, dass sich die kanadische Küche zu einer der abwechslungsreichsten der Welt entwickelt hat.

Im Folgenden einige ausgesprochen typische Gerichte, die meines Erachtens nach am besten die frankokanadische Küche in meiner neuen Heimat repräsentieren.

Gekochte Farnspitzen (franz. „tête de violon", engl. „fiddle-head")
Ein sehr feines Gemüse sind die Spitzen einiger Farne wie des Straußenfarnes, besser bekannt in Québec unter „Violinenköpfchen" oder auf Französisch „tête de violon" (siehe Fotoseite 7). Diese kann man nur während einiger Monate im Frühjahr bekommen, da sie ausschließlich in eingerolltem Zustand essbar sind. Als entrollte Blätter enthalten sie zu viele Bitterstoffe. Ich habe sie spontan „Indianerspargel" getauft, da sie im Geschmack sehr Nahe an diesen herankommen. Man kocht sie einfach 15 Minuten in Salzwasser und reicht sie, mit zerlassener Butter übergossen, als Beilage zu allerlei Fleisch- und Fischgerichten.

Teigpastete mit Fleisch- oder Fisch (franz. „Cipaille" oder „Tourtière à la viande" oder „Tourtière au salmon")
Um den langen kanadischen Winter zu überstehen, haben sich die Familien in Québec energiereiche und herzhafte Gerichte wie die Tourtière ausgedacht. Das Rezept unterscheidet sich von einer Region zur anderen vor allem im Namen und durch seine Form. Allen gemeinsam ist jedoch die Verwendung großer Fleischmengen bei ziemlich langer Garzeit. Dieses leckere Gericht besteht entweder aus Fisch oder aus mindestens zwei Arten von Fleisch, früher Wild, heute eher fein gehacktes Rind- oder Schweinefleisch, mit Zwiebeln und Kartoffeln.

Das alles wird vollständig mit Mürbeteig bedeckt und sollte mindestens drei Stunden im Backofen schmoren. Das Wort „Cipaille" „ (sprich „Sipaihj") ist eine französische Verballhornung des englischen Begriffes „Sea Pie". Sein Name wurde auch von einem alten und sehr ähnlichen Gericht der Montagnais-Indianer, der „chipaille", abgeleitet.

Pâté chinois (herzhaftes Mais-Hackfleischgericht)
Hackfleisch vom Rind oder Schwein, gekochter Mais und Kartoffelpüree sind die drei Hauptbestandteile der chinesischen Platte, die auf Französisch „Pâté chinois" heißt. Das Gericht wird im Ofen gebacken. Einer der Legenden nach soll die chinesische Platte am Ende des 19. Jahrhunderts geboren worden sein, als der transkontinentale Schienenweg der Eisenbahngesellschaft Canadian Pacific Railway gebaut wurde. Zahlreiche Bauarbeiter stammten damals aus Asien. Da in dieser Epoche Rindfleisch, Mais und Kartoffeln fast unbegrenzt verfügbar und obendrein billig waren, wurde daraus ein kalorienreiches und in großen Mengen einfach herstellbares Gericht geschaffen. Später wurde es in Québec quasi Nationalgericht, als es die frankokanadischen Bahnarbeiter dorthin mitbrachten.

Apfelauflauf mit Haferflockenstreusel („Croustade aux pommes")
In nur 20 bis 30 Minuten zubereiteter Nachtisch aus frischen Äpfeln, Mehl, Butter und Haferflocken, je nach lokaler Abwandlung mit Zimt oder auch Zwetschgenschnaps verfeinert. Es gibt mittlerweile gut über 50 verschiedene Abwandlungen dieses einfachen Rezeptes, mal mit Erdbeeren oder Ahornsirup, mal mit Rhabarber, Ananas oder Cranberries, mal mit Honig oder Karamell. Man bekommt es in der Provinz von Québec noch im kleinsten Dorflokal. Die „Croustade aux pommes" ist eine Spezialität aus Frankreich und kommt ursprünglich aus Toulouse bzw. aus der Gascogne, in der Nähe der französischen Pyrenäen.

Gemüse-Fleischeintopf à la Québec („Bouillie aux légumes")
Das Ende des Sommers und der Anfang des Herbstes werden in Québec durch viele kulinarische Traditionen gekennzeichnet. Außerdem ist Erntezeit und es gibt nahezu alle Gemüsesorten in Hülle und

Fülle. Was liegt also näher, als aus dieser Fülle zu schöpfen und daraus ein leckeres Gericht zu zaubern: Krautrüben, Sellerie, Möhren, Weißkohl, Kartoffeln, grüne und gelbe Bohnen, Lorbeerblätter, Thymian, Gewürznelken, Petersilie, dann Kalbshaxe, Rindfleischstücke, gewürfelter Speck, gehackte Zwiebeln, Salz und Pfeffer nach Geschmack: All das rund 6 Stunden in Rinderbouillon bei kleiner Flamme geköchelt, ergibt das traditionelle Erntedank-Essen für die ganze Familie. Im Geschmack erinnert es an ein „Pot-au-feu", die französische Rindfleischsuppe.

Die amerikanische Kranbeere (engl. „Cranberry", franz. „Canneberge")
Die englische Bezeichnung „cranberry" leitet sich aus „crane berries" („Kranichbeeren") ab. Die ersten Kolonisten Nordamerikas erinnerte die Form der Blütenstaubfäden an die Form eines langen Schnabels, wie eben den eines Kranichs. Auf Deutsch heißt die Pflanze korrekt großfrüchtige Moosbeere (lat. Vaccinium macrocarpon), die zu den Erikagewächsen wie unserem Heidekraut gehört. Es gibt über 130 Sorten, aber nur gut ein Dutzend werden kommerziell genutzt und verarbeitet.

Das Verbreitungsgebiet im östlichen Nordamerika reicht von Québec, New Brunswick und Neufundland in Kanada weiter südlich bis nach North Carolina, Tennessee und Virginia in den USA. In Deutschland werden Kranbeeren seit Neuestem als Backzutat entdeckt, da sie sich durch ihren herb-säuerlichen Geschmack gut von anderen Zutaten abheben. Das enthaltene Vitamin C und die damit enthaltenen Antioxidantien machen die kleine rote Frucht äußerst gesund, entzündungshemmend und vorteilhaft für das Immunsystem wie auch für die Magen- und Darmflora.

Fein Speisen in Kanada – von Ost bis West

Da die Liebe (für Kanada natürlich) bekanntlich durch den Magen geht, habe ich im Folgenden meine ganz subjektive Auswahl an Restaurants zusammengestellt, die ich selbst besucht sowie zusammen mit meiner Lebensgefährtin sehr ausgiebig getestet und für gut befunden habe. Einige Restaurants konnten wir mehrere Male besuchen und genauer beschreiben – gute Restaurants vom Osten bis zum Westen Kanadas.

In Percé

Restaurant La Maison du Pêcheur
Das „Haus des Fischers" ist ein gutes Fischrestaurant, direkt am Atlantik gelegen. Eine große Fensterfassade bietet eine herrliche Aussicht auf die nahe gelegene Insel „L'Île Bonaventure" und auf den im Sommer sehr geschäftigen Anlegesteg, von wo aus die Boote zur Insel sowie zum berühmten „Roche Percé", dem Wahrzeichen der Gaspésie, ablegen. Die Inneneinrichtung des Restaurants ist mit viel Liebe zum Detail komplett in weiß und blau gehalten und mit diversen Fischerei-Accessoires dekoriert, wie Netzen, Hummerbojen, Fischreusen und einem alten Anker. Es ist eines der ersten Häuser in Percé, dem touristischen Zentrum ganz am Ostrand der Provinz Québec auf der Gaspésie-Halbinsel (siehe Fotoseite 6). Die Spezialitäten sind – selbstredend – allerlei Fischgerichte und Meeresfrüchte, insbesondere Hummer, aber auch Pizza vom Holzbackofen mit Meeresfrüchten wie Octopus sowie Leckerbissen der regionalen, Québecker Küche. Wie viele Restaurants in der Gaspésie ist das Haus nur in den Sommermonaten geöffnet. *www.maisondupecheur.ca*

In Rimouski (Le Bic)

Auberge du Mange Grenouille
Sozusagen inmitten der kanadischen Wildnis, im Osten der Provinz Québec, habe ich in Le Bic das Restaurant mit angegliederter Herberge

zwei Tage lang besucht. Und das bereits zum dritten Male zusammen mit meiner kanadischen Lebensgefährtin, die den vielen hiesigen Möglichkeiten an Gaumenfreuden ebenfalls nicht abgeneigt ist. Nur einen Steinwurf entfernt vom „Mange Grenouille" erstreckt sich ein Naturparadies, wie es im Buche steht: Einsame Buchten, echter Urwald, die wilde Felsenküste am Sankt-Lorenz-Strom sowie ein richtiges Wattgebiet. Bei meinem ersten Besuch vor nunmehr knapp 15 Jahren fühlte ich mich dort so wirklich in Kanada! Zurück zum Restaurant, welches im Jahr 2015 schon sein fünfundzwanzigjähriges Bestehen feierte und sich weit über die Region hinaus eine große Reputation erworben hat. Nicht zuletzt auf Grund der Detailverliebtheit von Inhaberin Carole Fauchet und ihrem Partner Jean Rossignol. Schon wenn man das Restaurant betritt, wird man von einer Atmosphäre des ganz im englisch-viktorianischen Stil gehaltenen Interieurs eingefangen. Man fühlt sich viel eher in einer klassischen, romantischen Theaterinszenierung als in einem Gourmet-Tempel: mit liebevoll ausgesuchten Accessoires, exklusiver Büchersammlung, dezenter Beleuchtung und stilvoller Möblierung sowie überall – „echten" Kerzen (siehe Fotoseite 3). Wobei es sich die Hausherrin nicht nehmen lässt, diese jeden Abend persönlich zu entzünden.

„Das Leben ist viel zu kurz, um trostlos zu speisen!", lautet das Motto der Küchenchefin Marie-Sophie Picard. Sie erzählte mir von ihrem bisherigen, beruflichen Lebensweg, der nicht nur von „Guide Michelin" gekrönten Häusern in ganz Frankreich gesäumt ist, sondern ebenfalls von der Repräsentanz der Regierung von Québec in Paris und weiterer Spitzenhäuser der gehobenen Gastronomie. Auf die Frage nach ihrem Familiennamen, der häufiger in der Gegend des Huronen-Reservates Wendake vorkommt, antwortete sie mir: „Ja, meine Vorfahren sind tatsächlich vom Stamm der Huronen." Ein Umstand, der mir ihre Kochkunst noch sympathischer gemacht hat. Zum Beispiel Tartar von frischem Lachs, dazu Stangensellerie mit ausgelöstem Hummerfleisch und feinem Orangenpüree, darüber Krebsfond à la Vanille als Vorspeisen. Danach Filet vom Heilbutt, mit braunem Rum in Butter leicht gebraten, zusammen mit einem Schulterstück vom Wildschwein, geschmort mit eingelegten Tomatenstücken, Anis-Soße und gedämpftem Weisskohl. Dazu ein herrlicher

Chablis, kredenzt von Elène, der Sommelière des Hauses. Es war ein wahrlich himmlischer Genuss, den wir am zweiten Abend mit einem Vier-Gänge-Menü, ganz nach Laune unserer indianischen Küchenchefin, noch die Krone aufsetzen konnten. Wie heisst das Motto des Hauses so schön: „Für Liebhaber des Landes und der schönen Dinge des Lebens!" *www.aubergedumangegrenouille.qc.ca*

Auf der Insel l'Île d'Orléans

Les Ancêtres – Auberge & Restaurant
Das Haus befindet sich etwas versteckt auf der Nord-Westseite der Insel, von wo man sich, wie wir im Verlauf des weiteren Abends sehen konnten, an einem herrlichen Sonnenuntergang über den Hügelketten der „Laurentides" berauschen kann. Und das gleichzeitig zu einem Menü der feinen Küche à la „québécoise" nach überlieferten Rezepten der Vorfahren, auf Französisch „Les Ancêtres".

Allein das über dreihundert Jahre alte Restaurantgebäude mit angeschlossener Herberge ist schon ein Besuch wert: Mauerwerk aus roh beschlagenen Felssteinen, altes, hölzernes Balkenwerk, das die Decke trägt und ein Bretterboden, der bei jedem Schritt urig knarzt! Man kann entweder auf der überdachten Terrasse Platz nehmen, die an frischeren Abenden mit dezent verborgenen Wärmestrahlern geheizt wird oder auch im Lokal: der freie Blick auf die Wasserfälle „Chutes Montmorency" und auf den Sankt-Lorenz-Strom wird nirgendwo gestört.

Die Speisekarte bietet uns, neben internationalen und kanadischen Gerichten, altbekannte Menüs aus Großmutters Kochbuch: Fleischpastete und Bohnen mit Speck („Pâté à la viande, fèves au lard"), Erbsensuppe mit Schinken („Soupe aux pois jaunes et jambon"), Ragout aus Buletten vom Schweinsfüßchen, Salzkartoffeln und rote Beetesalat („Ragoût de boulettes à la patte de cochon, patates bouillies, betteraves marinées") oder auch Hähnchenbrust nach Großmutters Art („Poulet grand-mère, poitrine désossée, jus naturel"). Dann zum Nachtisch der berühmte „Arbeitslosenkuchen" mit Ahornsirup („Pouding chômeur à l'érable") – überhaupt nichts Ehrenrühriges. Sein Name kommt einfach daher, dass das Rezept aus ganz wenigen

Zutaten besteht, die in jedem Haushalt immer zur Verfügung standen. Die québécer Hausmannskost im „Les Ancêtres" ist ziemlich elaboriert, sehr verfeinert und mundet ausgesprochen gut – wir sind öfters dort! *www.lesancetres.ca*

In Québec-Stadt

Laurie Raphaël
Es ist „The Top of the Top" in unserer Provinzhauptstadt. Das Zehn-Gänge-Menü ist für 12 Dollar pro Gang zu haben. Und wenn man sich die passenden Weine pro Gang dazu kredenzen lassen will, dann sind nochmals 75 Dollar zu berappen. Alles in allem ein sämtliche Sinne berauschendes, kulinarisches Erlebnis in edlem Ambiente, vom Stararchitekt Jean-Pierre Viau mit ausgewählten Materialien geschaffen. Das Restaurant übertrifft sämtliche Maßstäbe: gleich beim Eintritt wird man persönlich mit seinem Namen empfangen, die Garderobe wird abgenommen und man wird zum Tisch geführt. Jeder einzelne Gang sowie jeder Wein wird dann von einem anderen Kellner serviert, selbstverständlich mit frischen Gläsern, Tellern und Bestecken jeweils. Ich habe gezählt: insgesamt kümmern sich rund 12 verschiedene Bedienstete um das Wohl eines Gastes. Sehr oft auch fließend in dessen Muttersprache, wie ich überrascht feststellen konnte. Daniel Vézina, Gründer und Inhaber des Gourmet-Tempels, erhielt bereits 1979 sein Diplom als Küchenchef bei der renommierten Ausbildungsstätte „Polyvalente" im Stadtteil Charlesbourg von Québec. Im Jahr 1992 eröffnete er sein Restaurant am alten Hafen von Québec und nannte es ganz einfach nach seiner Tochter Laurie und seinem Sohn Raphael. Er bezeichnet sein modernes Konzept als „Restaurant-Atelier-Boutique", die totale gastronomische Erfahrung. 2007 kam dann das zweite Restaurant im Hotel „Le Germain" in der Innenstadt von Montréal hinzu, das er selbst leitet. Seit 2013 ist sein Sohn Raphael der Küchenchef in Québec, inzwischen vom Angestellten zum Teilhaber aufgestiegen – als großer Hoffnungsträger des erlauchten Hauses. Im Übrigen hat Daniel Vézina fünf Bücher mit Rezepten seiner Kreationen veröffentlicht. *www.laurieraphael.com*

Restaurant La Girolle

Mitten im Stadtgebiet von Québec gelegen, genauer im Stadtteil Saint-Sacrement, habe ich ein echtes Kleinod von einem Restaurant entdeckt. Es heißt „La Girolle", auf Deutsch: der Pfifferling. Als ich das erste Mal dort war, habe ich eines meiner Lieblingsgerichte probiert: Kalbsbries in Sahnesoße („Ris de veau avec sauce à la crème"). Es war fantastisch und weitere Besuche sollten bald folgen. Der Inhaber Guy Théberge, seit achtzehn Jahren im Geschäft, ist hier selbst der Küchenchef und er führt das Restaurant zusammen mit seiner Partnerin Julie Paquin seit nunmehr über fünfzehn Jahren – und das mit stetig wachsendem Erfolg. Schon zweimal hat das „La Girolle" beim jährlich stattfindenden Restaurantwettbewerb in Québec die Auszeichnung „Prix du public" in der Kategorie „Apportez votre vin" gewonnen. Mehrere Male in Folge wurden die Beiden von einem lokalen Restaurantführer unter fünfzehntausend Restaurants der ganzen Provinz sogar zu den 500 Besten ausgewählt.

Der Küchenchef hat seine Ausbildung als „Saucier" im Ritz-Carlton-Hotel von Montréal genossen, seine Partnerin hat ihr Metier in der hiesigen Restaurant- und Hotel-Fachschule erlernt. Im „La Girolle" stehen herzhafte Speisen wie Entenbrust („Magret de canard"), Meeresfrüchteplatte („L'assiette de fruits de mer"), Schnecken im Blätterteig („Feuilleté d'escargots") oder karamellisierter Vanillepudding („Crème brûlée") auf der Karte – jeweils in großzügiger Portion. Die Speisekarte, hier Menü genannt, ist die Besonderheit des Restaurants, denn sie wird jeden Tag (!) von Hand mit Kreide auf eine Tafel geschrieben, ganz nach Tradition französischer Bistros. Außerdem sollte man wissen, dass die Frankokanadier sehr großen Wert auf guten Wein legen, besonders zu einem guten Essen. Da jedoch die Weine bei hiesigen Gasthäusern ausgesprochen teuer sind, hat man sich bei „La Girolle" schon von Beginn an entschlossen, die immer populärer werdende Formel „Apportez votre vin!" in Québec einzuführen. Sie bedeutet, dass der Gast seinen eigenen Wein ins Restaurant mitbringen soll. Die Flasche wird dort entkorkt und vom Personal am Tisch serviert. Das ist alles in allem einen Besuch wert.

www.lagirolle.ca

Restaurant L'Échaudé
Laut der amerikanischen Wochenzeitung USA-today zählt das Restaurant zu den besten zehn Häusern in Québec-Stadt – nun, die Amerikaner müssen es ja wissen! Jedenfalls gehört das „L'Échaudé", wo wir gut und gerne zwanzigmal gespeist haben, sicher zu unseren Lieblingsrestaurants – und das nicht nur wegen seiner sehr schönen Außenterrasse in der ruhigen Fußgängerzone der Unterstadt von Québec. Es besteht bereits seit 1984 und bietet eine feine kanadisch-französische Küche mit Wild und allerlei Geflügel, diversen Grillgerichten bis zu sehr delikat präsentierten Fisch- und Meeresfrüchtemenüs sowie leckeren Desserts wie zum Beispiel „Gauffre à l'érable, banane caramel et mascarpone". Auf der variationsreichen Speisekarte ist darüber hinaus eine immer häufiger anzutreffende Formel zu finden: drei feine Vorspeisen zum Vorzugspreis. Auch ein Besuch zum Brunch lohnt sich allemal, denn es gibt eine eigens kreierte Speisekarte. Das Restaurant ist ebenso bekannt für seine immens große Weinauswahl, die man durch eine raumhohe Glaswand von Weitem aus gut studieren kann, gelagert in einem Kühlraum an der Längsseite des Restaurants. Die Gasträume selbst sind im klassischen Bistrostil ausgestattet, nur in Schwarz und Weiß, mit fast mannshohen Spiegeln an den Wänden. Nicht vergessen zu erwähnen möchte ich die fantastischen Toiletten, wo man sich eher wie in einem Museum fühlen kann. *www.echaude.com*

In Montréal

Schwartz's
Die „Charcuterie Hebraique de Montréal Inc.", besser bekannt unter Schwartz's, wurde bereits 1928 in Montréal von Reuben Schwartz, einem jüdischen Einwanderer aus Rumänien gegründet und besteht für kanadische Verhältnisse schon eine Ewigkeit. Dieses wirklich einzigartige Restaurant existiert seitdem nahezu unverändert in gleicher Lage auf dem Boulevard Saint-Laurent, wo es sich heute zwischen coolen Läden jeglicher Couleur und den angesagtesten Boutiquen einreiht. Montréal war zwischen 1905 und 1920 das Ziel für rund 125.000 Juden, die das Gebiet zum Zentrum jüdischer Kultur mach-

ten. Somit hat sich Schwartz's ganz einer ursprünglich jüdischen Spezialität verschrieben, dem sogenannten „Smoked Meat". Da die Vorschriften innerhalb der jüdischen Religion ausgesprochen streng sind, werden Lebensmittel in solche eingeteilt, die für den Verzehr überhaupt nicht erlaubt sind sowie in „koschere", die für den Verzehr erlaubt sind. Bei Schwartz's wird „Smoked Meat" auf althergebrachte Weise mit einer streng geheimgehaltenen Mischung aus feinen Kräutern und Gewürzen zehn Tage lang mariniert. Erst danach werden die immens großen Schinkenstücke aus erlesenem Rindfleisch in den seit 80 Jahren bestehenden Räucherkammern einen Tag lang geräuchert. Auch die Frische ist wohl ein Erfolgsrezept des Hauses, denn „Smoked Meat" wird täglich geräuchert, enthält keinerlei Konservierungsstoffe und erhält somit seinen inzwischen preisgekrönten Geschmack, der Prominente aus der ganzen Welt anzieht. Das Restaurant selbst ist ein einziger, weiß gekachelter Raum, der mit mehreren Reihen langer, schmaler Tische immer noch genauso wie früher eingerichtet ist (siehe Fotoseite 16). Die Wände sind übersät von Zeitungsberichten und von Fotos prominenter Besucher wie Céline Dion, den Rolling Stones, Nana Mouskouri, Jerry Lewis, Halle Berry, Angelina Jolie und vielen anderen. Kleine Anekdote: René Angélil, Ehemann und Manager von Kanadas Starsängerin Céline Dion, hat das Traditionshaus vor ein paar Jahren erst für schlappe zehn Millionen Dollar übernommen.

Es ist selten, dass sich vor dem Haus mit dem großen, orangenen Schild nicht eine lange Warteschlange bildet, vor allem zu Mittag und den Abendzeiten. Wird man endlich hineingelassen, so kann man dort in einer mit einem Oktoberfestzelt vergleichbaren Enge sein „Smoked Meat" an einem der Tische verzehren oder aber auch mit nach Hause nehmen. Ein Erlebnis, bei dem man Menschen aus allen Kontinenten kennenlernt. Das klassische Schwartz's-Menü besteht aus einem Sandwich mit ganz fein geschnittenem und heiß gemachtem „Smoked Meat", mittelfett, Pommes frites, einer sauren Gurke, Krautsalat, eingelegter roter Paprikaschote, und einem Glas Kirschenlimonade. Ich bin selbst Stammgast dort und gehe niemals hungrig nach Hause. *www.schwartzsdeli.com*

Restaurant Laloux

Über Montréal muss man wissen, dass das Viertel „Le Plateau Mont-Royal" historisch gesehen schon immer das Herz der frankophonen Bevölkerung war. Und das „Laloux" liegt genau zwischen rue St-Denis und dem Boulevard Saint-Laurent, den beiden geschäftigen Hauptachsen im Zentrum der geheimen Hauptstadt Québecs. Es ist eines unserer Lieblingsrestaurants, wenn wir in Montréal sind. Und das aus gutem Grund: Man fühlt sich beim Eintreten eher wie in Paris oder einem der berühmten Kaffeehäuser in Wien als mitten in Kanada. Die Räume haben gut acht Meter hohe Decken, die Wände sind cremefarben, die Lampen einfache Milchglasballons, das gesamte Mobiliar im klassischen Bistrostil ist schwarz lackiert, die Tische sind weiß eingedeckt und die Wände zieren schwarz gerahmte Spiegel, die das Lokal optisch verdoppeln. Das „Laloux", aktiv seit über 25 Jahren im heiß umkämpften Markt der Millionenmetropole, ist schon einigen heute berühmten Küchenchefs eine Sprosse auf der Karriereleiter gewesen. Der Küchenchef ist seit 2014 Jonathan Lapierre-Réhayem, ein gebürtiges Montréaler Kindl mit dem Aussehen eines Südfranzosen. Seine Lehrjahre absolvierte er in Japan, China und in einigen Michelin-Restaurants Frankreichs, bevor er 2012 und 2013 beim „Gold Medal Plates" teilnahm, einem wichtigen kanadischen Wettbewerb, der landesweit Spitzenleistungen in den Bereichen Küche, Wein, Kunst und Sport auszeichnet. Das Speiseangebot ist eine Mischung aus französischer, internationaler und feiner kanadischer Kochkunst, unter strenger Berücksichtigung lokaler Produzenten, die die „Rohstoffe" für Jonathans Kreationen liefern: beispielsweise als Vorspeise Topinambur-Cremesuppe mit geräuchertem Bio-Stör und Sonnenblumenkernen einer lokalen Bio-Farm oder Törtchen aus Blutwurst mit karamellisierten Zwiebeln und Karottensalat an Preiselbeeren und wildem Kümmel; dann als Hauptgericht auf der französisch gehaltenen Speisekarte unter anderem: „Flétan du Pacifique, endives braisées, carotte, orange, oseille des bois et beurre noisette aux pacanes fumées" (Pazifischer Heilbutt an geschmortem Chicorée, Karotten-Orangen-Sauerkleesalat mit Nussbutterflöckchen aus geräucherten Pekannüssen) oder auch Cavatelli-Nudeln im Steinpilzrahm, dazu gekochte Farnspitzen an Louis d'Or, einer Käsesorte aus Québec

(Cavatelli, crème aux cèpes d'Amérique, têtes de violon et Louis d'Or). Dazu bestellen wir uns immer einen herrlichen Chablis, den ich durch meinen Vater schätzen gelernt habe. Als Nachtisch kann man sich entweder eine kleine Käseplatte gönnen oder aber einen Zitronenkuchen mit Eibisch-Rosmarin, Joghurtschaum, Grapefruit-Sorbet und rosa Pfeffer. Wenn nicht das, dann vielleicht Windbeutel mit Ahorn-Karamell, Vanille-Eis und Haselnuss-Nougatcreme. Dazu empfiehlt der immer aufmerksame Kellner jeweils einen passenden Dessertwein, der den Gast zum Abschluss des kulinarischen Erlebnisses bis weit über den siebten Himmel hinaus befördern kann!
www.laloux.com

In Kingston

Casa Domenico
Bei einer unserer Reisen nach Ontario wollten wir einmal „Fine Italian Dining in Downtown Kingston" entdecken und erleben. Die Altstadt von Kingston hatte uns ja schon immer mehr an Italien erinnert als an Kanada, insbesondere weil die meisten Gebäude mit hellem Kalkstein und in klassizistischer Architektur errichtet wurden. Die Stadtsilhouette beherrscht das historische Rathaus von 1844 mit seiner erhabenen Kuppel, fast wie der Petersdom, nur im Kleinformat. Um die italienische Atmosphäre komplett zu machen, haben wir uns das „Casa Domenico" herausgesucht, das direkt neben dem „Springer Market Square" liegt, dem zentralen Marktplatz der Stadt. Wir wollen unbedingt die dort angepriesene „authentische Küche Italiens" einmal ausprobieren. Die Speisen sind wirklich köstlich – ganz wie in Italien und der Pinot Grigio „Venica & Venica" aus dem Friaul passt hervorragend dazu. Bemerken möchte ich jedoch unbedingt, dass wir beim „Casa Domenico" zum Salat eine Essig-und-Öl-Garnitur gereicht bekommen haben, um uns den Salat am Tisch selbst anzumachen. Das passierte uns das erste Mal in Kanada. Gang und gäbe ist es nämlich landesweit, den Salat nahezu trocken zu servieren oder eine majonäsehaltige, dicke Soße darüber zu kippen, die den Salatgeschmack vollständig überdeckt. Wir können das Zitat aus der lokalen Presse über

das Haus gerne bestätigen: „Küchenchef David Faroldi und sein Team verbinden einen klassischen Ansatz mit moderner Eleganz bei der Zubereitung aller Speisen. Betonung legen sie dabei auf Frische und Qualität der Zutaten." *www.casadomenico.com*

In Bloomfield (Prince Edward County – Ontario)

Bistro im Agrarian cheese-market
Während eines Ausfluges auf der Insel, die sich Prince Edward County nennt, entdecken wir im beschaulichen Bloomfield durch Zufall auf der Hauptstrasse ein kleines, aber feines Bistro, das dem „Agrarian Cheese-market" mit allerlei Käsespezialitäten angeschlossen ist. Die nette Frau, offenbar die Besitzerin des kleinen Bistros, erkennt sofort unseren Akzent und bedient uns deshalb ausgesprochen freundlich – Touristen kommen wohl nicht so oft vorbei, hier auf dem platten Lande. Der gemütliche Gastraum mit seinen gerade mal 20 Sitzplätzen hat Atmosphäre und Stil. Eine Wand ist aus rohen Ziegelsteinen gemauert, die andere ist mit altem, verwittertem Holz verkleidet, was ein besonders warmes Ambiente ergibt. Alle Angebote und die Speisekarten sind auf Schiefertafeln geschrieben, die an den Wänden aufgehängt sind. Die schwarzen Stühle sind kunstvoll gedrechselt, die Sitzflächen aus Stroh geflochten. Marie bestellt eine Käseplatte, die liebevoll geschmückt ist. Die fünf Sorten sind wirklich ausgesucht und delikat, ich dagegen nehme eine Gemüsesuppe „Soup of the D'Eh (… nein, kein Schreibfehler, es steht wirklich so auf der Karte!), Seasonal – Simple – Homemade" mit fantastischem, frisch gebackenem Vollkornbrot, das wir nochmals nachbestellen müssen, so schnell ist es in unserem Magen verschwunden.

Leider schließt das Haus an diesem Abend schon um 19.30 Uhr und so müssen wir uns etwas beeilen und können nicht ein zweites Glas Weißwein bestellen. Wir müssen wiederkommen, denn auf der Speisekarte wird ein Drei-Gänge-Menü angeboten. Man hat die Wahl aus 12 erlesenen Gerichten. Beim Hinausgehen fällt mein Blick auf ein kleines Plakat: „Live Music Every Saturday – Open 6pm to 11pm". Ja, wir sollten wirklich nochmals kommen! *www.agrarianpec.ca*

In Wellington (Prince Edward County – Ontario)

East & Main Bistro

Wellington ist – außer die Hauptstadt von Neuseeland – eine hübsche, winzige Gemeinde, die im Prince Edward County direkt am Ontariosee liegt und wo wir auf einer Erkundungstour vorbeikommen. Eine einzige Straßenkreuzung mit Ampeln, einige Geschäfte, der obligatorische Baumarkt, das war's schon. Marie hat bereits das Restaurant ausgemacht. Wir wollen im Bistro „East & Main" heute chic zum Abendessen gehen und bekommen einen geschützten Platz auf der Terrasse im Schatten des Windes, der unablässig vom See herüber weht. Die Speisekarte ist vielversprechend, die Preise sind vernünftig: mit Ahornholz geräucherter Lachs, Orangen-Rotkohlsalat an Zitrusvinaigrette für 12 Dollar, danach „Chicken Supreme" mit Ziegenkäse, Speck und Spinat gefüllt, gedämpftes Gartengemüse, Minikartoffeln und Paprikasauce für 23 Dollar und zum Nachtisch einen Mohnkuchen mit Schokoladenguss, Kokoscreme, getrocknete Ananas, kandierte Haselnüsse und Minzsirup für schlappe acht Dollar. Dazu einen hervorragenden Chardonnay der Gegend, den wir auf der 107 Sorten (!!) umfassenden Weinkarte empfohlen bekommen. Wir speisen köstlich, der Service ist unvergleichlich, das Restaurant gut belegt und so genießen wir in vollen Zügen das laue Sommerwetter und den guten Wein. Rund um Wellington gibt es im Übrigen die meisten Weinbaubetriebe der ganzen Insel, die man als Besucher in einer eigenen „Wine-Tour" buchen kann: prima Idee eigentlich! *www.eastandmain.ca*

In Niagara-on-the-Lake

Peller Estates Winery

Inmitten kanadischer Weingärten, welche diese Gegend kilometerweit bedecken, haben wir dieses hervorragende Restaurant gefunden, das auf dem Weingut der Familie Peller liegt. Der Großvater des heutigen Besitzers wanderte 1972 von Ungarn nach Kanada aus und begann im Tal des Okanhagan-Sees in Britisch-Kolumbien Weine zu kultivieren. Erst 1969 erhielt er das Angebot, eine Weinbaulizenz im Herzen

Ontarios zu übernehmen – eine Tatsache, die ihm sehr gelegen kam. Das „Peller Estate" schreibt selbst über sich: „Im Herzen unseres Weingutes befindet sich das ‚Peller Estates Winery Restaurant', wo ein betörender Ausblick auf unsere Weingärten es ganz leicht macht, sich in freundlichem Ambiente zu entspannen, um die einfachen Freuden des Lebens zu geniessen. Unser Küchenchef Jason Parsons verwöhnt Ihren Gaumen mit ausgewogenen Menüs der Saison. Unsere Somelière Katie Dickieson vereint unsere Weine mit jedem Gericht zu einer wahrhaft unvergesslichen Mahlzeit!" Dazu kann ich lediglich hinzufügen, dass ich diese Selbsteinschätzung des Hauses in allen Punkten bestätigen kann. Neben der Besichtigung der Niagarafälle (siehe Fotoseite 4) war das Dinner dort der Höhepunkt unserer Reise und Marie und ich denken noch heute gerne an diesen Gourmet-Ausflug zurück.

Das Restaurant erhielt die CAA-4-Diamant-Bewertung, drei Sterne vom Toronto Life-Magazin sowie die Goldmedaille von „Les Clefs d'Or du Canada", einer kanadischen Vereinigung des Hotel- und Gaststättengewerbes. Außerdem wurde es mit der höchsten Note der Zagat-Restaurant-Bewertung als „Außerordentlich" ausgezeichnet. Dies ist ein in Nordamerika populäres Beurteilungssystem für die Gastronomie, das vor 35 Jahren von Tim und Nina Zagat in New York gegründet wurde. Eine Reservierung kann ich nur dringend empfehlen. *www.peller.com*

In Ottawa

The Fish Market Restaurant
Es ist Ottawas erstes und immer noch ausgesprochen populäres Fischrestaurant, direkt im Viertel des traditionellen Wochenmarktes der Stadt gelegen. Das Haus besteht seit 1979 und ist, wie der Name verrät, ein Themenrestaurant rund um Fisch und Meeresfrüchte wie Hummer aus Neu-Schottland, Riesenkrabben aus Alaska, Salzwasser-Garnelen, Tiefsee-Jakobsmuscheln, Mies- und Venusmuscheln von den Prinz-Eduard Inseln und das beste, was die kanadischen Küstengewässer sonst noch an allerlei „Schuppentierchen" hergeben.

Das Restaurant liegt gleich gegenüber der historischen ByWard Markthalle (Französisch: Marché By) im Herzen der Altstadt von Ottawa, wo sich der Fischmarkt befindet. 1826 von Oberstleutnant John By gegründet ist der ByWard Market eine der ältesten und größten, öffentlichen Markthallen Kanadas. Das ganze Viertel zählt in den Sommermonaten bis zu 50.000 Besucher pro Tag. Wir erkennen das „Fish Market Restaurant" schon von Weitem an den großen bunten Flaggen mit Seafoodfotos und schwarzen Markisen, die mit Fischsilhouetten bemalt sind. Der Haupteingang ist auf sehr einladende Weise an der Gebäude-Ecke, dort wo sich die Straße gabelt.

Tritt man ein, wird man von den riesigen Ausmaßen der Gasträume nahezu erschlagen. Selbstredend, dass sich die gesamte Innenausstattung dem Thema Meer widmet: überall Plakate mit Seefischen, ein Holzkanu hängt an der Decke, Fisch- und Hummerreusen schmükken die Wände, ein vier Meter langes Ruder ziert den Durchgang des ganz in Holz und altem Ziegelmauerwerk gehaltenen Interieurs.

Wir bestellen uns den Seefisch des Tages und beginnen unser „Dinner for two" mit einer leckeren Hummersuppe. Zu einem guten Fischgericht darf natürlich ein guter Tropfen nicht fehlen und so bietet die Restaurantleitung eine erkleckliche Auswahl an Getränken: rund 200 Flaschenweine, 80 davon sind als Glas bestellbar. Dazu kommen 150 importierte Gerstensäfte sowie eine feine Auswahl an Whiskeysorten und Dessertweinen, die keine Wünsche offen lassen. Auch wir waren begeistert. *www.fishmarket.ca / www.byward-market.com*

In Calgary

Ristorante Pulcinella
Deanne, unsere sehr nette Herbergsmutter bei einem Aufenthalt in Calgary sagte uns, wenn wir Lust auf richtige italienische Pizza haben sollten, hätte sie einen Tipp für uns. „Das ‚Pulcinella' ist ganz in der Nähe, hat einen Holzofen und ist fabelhaft!" Es liegt in einem modernen Gebäude neben vielen Geschäften, Bars und Boutiquen direkt auf der quirligen Kensington Road, nur einen Steinwurf vom Bow River und von Calgary Downtown entfernt. Wir bestellen uns den „Vino

della casa" und man serviert uns einen erstklassigen kanadischen Pinot Grigio, den wir auf unserer Weiterreise noch öfters genießen werden.

Die Speisekarte macht dem italienischen Image alle Ehre: Vorspeisen zum Beispiel wie „Gamberoni all'aqua pazza" oder „Temura di Parmigiano", die berühmten Pizzagerichte wie „Pizza formaggio e pomodoro" oder „Pizza prosciutto e rucola" und diverse Nudelgerichte wie „Pappardellle di bosca" oder „Fettucine al pesto". Beim Dessert fällt mein Blick auf meine absolute italienische Lieblings-Nachspeise: „Panna cotta" – super, das muss heute sein. Trotz all dieser Verlockungen bleiben wir bei Pizza, wie von Deanne so heiß empfohlen. Bleibt nur noch zu sagen, dass der Nachtisch so hervorragend mundete, wie bei unserer letzten Reise nach Verona. *www.pulcinella.ca*

In Banff

The Grizzly House
Wir wollen, einmal in Banff angekommen, einer Empfehlung der Küchenchefin aus unserem B&B in Calgary folgen, die uns bei der Abreise sagte: „Das beste Fleischfondue bekommt ihr im ‚Grizzly House'!" Gesagt, getan, nur wenige Fußminuten von unserer Herberge entfernt finden wir auf der Banff Avenue das Haus mit seinem urigen Portal, ganz aus Holz und mit extrem spitzem Giebel, an dem eine Schweizer Flagge weht. Direkt über der Einganstüre ein Schriftzug „Licensed Restaurant", dessen Bedeutung mir erst später bei der Lektüre der Restaurantgeschichte klar wird.

Schon beim Eintreten duftet es nach gekochtem und gebratenem Fleisch. Das Restaurant ist im Stile eines Blockhauses eingerichtet und mit allerlei Jagdtrophäen an den Wänden dekoriert, darunter auch ein riesiger Bisonkopf sowie die obligatorischen Hirschgeweihe, die das Blockhausambiente vervollständigen. Die Speisekarte bietet alle Arten von Früchte-, Käse- und Fleischfondues. Eine Variante nennt sich „Hot Rock", wobei man auf glühend heißen Steinen, die auf den Tisch gestellt werden, sein Fleisch brutzeln kann. Meine Freundin Marie entdeckt Garnelen, Karibu und Jakobsmuscheln sowie ein

„Exotic Fondue Dinner" mit Haifisch, Alligator, Klapperschlange, Strauß, Froschschenkeln, Büffel und Wildschweinfleisch. Muss nicht unbedingt sein, denken wir!

Wir nehmen ein Rindfleischfondue in Öl, aber aus bisherigen Erfahrungen in Westkanada schlauer geworden, eine Portion für zwei: die Megaportion reicht dicke und ist wirklich sehr schmackhaft. Des Weiteren stoße ich auf den hinteren Seiten der Speisekarte auf eine lustige Anekdote: Barbara und Peter Steiner, ein Ehepaar mit deutschen Vorfahren, eröffneten das „Grizzly House" bereits 1967 und machten es zu einer wahren Institution in Banff. Es war die allererste Diskothek Westkanadas und bekannt für Livekonzerte und Vortänzer, die das Publikum damals animieren sollten. Ganz zu Beginn wurden kleine Gerichte durch eine Öffnung in der Hausmauer vom benachbarten chinesischen Restaurant angeliefert. Nach einigen Monaten jedoch schloss der Chinese sein Lokal. Das „Grizzly House" musste nun einen Weg finden, die damals geltenden Gesetze zum Verkauf alkoholischer Getränke zu erfüllen, die das gleichzeitige Servieren von Speisen erforderlich machten. Peter Steiner und seine Angestellten kamen auf die Idee, einfach ihr privates Fonduegeschirr mitzubringen. Die Erfolgsgeschichte des Restaurants nahm somit ihren Anfang und das Fondue-Konzept überstand im Gegensatz zur Disco all die Jahre – bis heute. *www.banffgrizzlyhouse.com*

In Kelowna

Summerhill Sunset Organic Bistro
Auf einer Reise nach Kelowna übernachten wir in der Privatperson eines deutschen Auswanderers, den ich im Internet aufgespürt hatte. Der ganz heiße Tipp unseres Gastgebers Ralf ist das Bistro eines lokalen Weingutes, das wir bequem zu Fuß erreichen können. „Das Lokal ist bloß 20 Minuten zu Fuß von uns entfernt und ihr werdet bestimmt nicht enttäuscht sein!", meint Ralf nur. Und tatsächlich, bis zur „Summerhill Pyramid Winery" geht es immer bergab an der Hauptstraße entlang, die rechts und links von Obst- und Weinplantagen gesäumt ist.

Beim Eintritt erleben wir eine ungewöhnliche Überraschung. Die Chefin der Weinbar entschuldigt sich mit einem Glas Prosecco bei uns in aller Form, weil gerade kein Tisch für uns frei ist und wir warten müssen. Die Geste finden wir super nett – das ist eben Kanada! An der Wand hängt eine gerahmte Urkunde: Chef Jonas Stadtlander stammt aus einer der renommiertesten Gastronomen-Familien Kanadas. Jonas ist Sohn des bekannten, kanadischen Küchenchefs Michael Stadtlander, Eigentümer der „Eigensinn Farm" in der Niagararegion.

Die Weinbar selbst erinnert mit ihrem Tonnengewölbe und schmiedeeisernen Kronleuchtern eher an einen alten Weinkeller mitten im Elsass oder an der Mosel als an Kanada. Das Mobiliar ist rustikal, überall stehen Holzfässer als Tische. Geht man in den Gastraum, so schließt sich eine verglaste Terrasse mit fantastischem Blick auf den Okanhagan-See an. Und als ob der Kellner unsere Gedanken lesen konnte, führt er uns zu einem Platz auf eben dieser Terrasse – mit Seeblick auf die gerade untergehende Sonne.

Die Speisekarte sieht richtig gut aus: Marie liebt ein warmes Abendessen und sie bestellt sich zur Vorspeise einen Brennnesselsalat mit blauen Kartoffeln, Sauerrahm und Schnittlauch. Danach ein „Farmcrest Chicken", die gebratene Hähnchenbrust einer lokalen Zucht mit Brennnessel Fettuccini, verfeinert mit „Cipes brut", dem hoch dekorierten Schaumwein des Weingutes. Heute habe ich Lust auf etwas Kaltes: nach einem frischen Gartensalat, angerichtet aus Chicorée, Radieschen, eingelegten roten Zwiebeln, Sellerie, Spargeln und Apfel-Rhabarber-Vinaigrette, abgeschmeckt mit Bienenpollen gehts zum zweiten Gang. Es gibt „Charcuterie", was hier aus drei Schinkensorten, Rotwein-Gelee, mariniertem Gemüse und einem frisch vor Ort gebackenen Sauerteig-Roggenbrot komponiert ist – ein Gedicht. Dazu wird uns selbstverständlich ein feiner Tropfen des Weingutes gereicht. Wir bleiben bei weiß und bestellen eine Flasche des „Summerhill Vineyard Riesling" aus biologischem Anbau.

Ausgezeichnet! In der Weinkarte entdecke ich einen interessanten Artikel: Für ein Experiment ließen die Besitzer auf ihrem Gut eine Pyramide in den Proportionen ägyptischer Bauweise errichten, um darin Weine reifen zu lassen. Man verglich Weine, am selben Tag abgefüllt, die insgesamt 90 Tage in der Pyramide lagerten mit denselben Weinen, die konventionell gelagert wurden. Beide wurden dann bei identischer Temperatur probiert. Das Ergebnis: Die Verkoster hielten die Weine aus der Pyramide fast einstimmig für weicher und besser im Aroma. Wir sind uns einig, irgendwann noch einmal vorbeizuschauen, um den Wahrheitsgehalt der Aussagen über die Pyramidenweine zu testen! *www.summerhill.bc.ca*

Quail's Gate Winery
Ein Highlight unserer Kelownareise war sicherlich der Besuch des Weingutes "Quail's Gate Winery", das wir in herrlicher Lage an der Westküste des Okanhagan-Sees aufspüren und das von Weitem bereits mit hochmoderner Holzarchitektur Eindruck auf uns macht. Im Hauptgebäude ist der Weinshop untergebracht, der am heutigen Wochentag erstaunlich stark frequentiert wird. Wir wollen das Angebot des Hauses genauer testen. Doch im Weinshop zu probieren, an der Theke, im Stehen, ohne Knabbereien, ohne Brot oder gar Käseangebot entspricht absolut nicht unseren Vorstellungen einer Weinprobe. Ich frage nach und die Verkäuferin deutet auf ein Gebäude direkt neben dem Weinshop: „If you like, you can have a nice wineflight here!"

Mit dem „Wine Flight" bekommt man drei verschiedene Weinsorten zur Degustation, pro Glas ist das in hiesigem Hohlmaß genau eine Unze, also rund 30 Milliliter, die man aus dem aktuellen Angebot aussuchen und im Shop des Weingutes auch erstehen kann. Marie will den Chardonnay der vergangenen drei Jahrgänge probieren und ich versuche drei verschiedene Dessertweine. Unsere Kellnerin Joy bringt uns dazu eine schön dekorierte Platte mit ausgesuchten Käsesorten, kandiertem Obst und allerlei Nüssen.

Aber die Karte enthält noch wesentlich mehr feine Gerichte zu erschwinglichen Preisen, die sämtlich mit einer Empfehlung an Weinen des Hauses angeboten werden. Die Fußnote sagt außerdem: „als Teil unseres Nachhaltigkeitsprogrammes sind wir stolz darauf, den Gästen unser hauseigenes, vor Ort gefiltertes Quellwasser servieren zu können"! *www.quailsgate.com*

In Vancouver

The Naam Restaurant

Es ist fast eine Institution der Stadt und wir wollen der dringenden Empfehlung eines Québecker Freundes nachkommen, der uns die Adresse gegeben hat: „Auch wenn ihr keine Vegetarier seid, wird es Euch dort hervorragend schmecken!" Das Restaurant über sich selbst: „Das *Naam* wurde im Jahr 1968 gegründet, als die Fourth Avenue noch Regenbogenstraße hieß. Es sollte ein Treffpunkt für Leute werden, die das einfache Leben suchen: *Naam* bedeute nichts weiter als Name. Bis heute sind wir unserer ursprünglichen Vision treu geblieben. Wir verwenden ausschließlich frische und naturbelassene Zutaten. Da wir ein kleines, inhabergeführtes Haus geblieben sind, haben wir unsere warme und familiäre Atmosphäre behalten. Wir sind das älteste, vegetarisches Restaurant im Stadtteil Kitsilano, dem Herzen von Vancouver und wir haben rund um die Uhr (!) an sieben Tagen der Woche geöffnet."

Da wir in Kitsilano wohnen, ist es nur ein kurzer Spaziergang und wir sehen schon von Weitem die Warteschlange vor dem Gebäude – obwohl es ein ganz normaler Wochentag im April ist! Ein gutes Zeichen. Durch die großen Fensterscheiben spähe ich nach innen. Ja, es ist wirklich nicht groß, aber es sieht „saugemütlich" aus: alte Holztische, abgewetzte Bistrostühle aus verschiedenen Werkstätten, ein gehörig benutzter, verwaschener Holzfußboden und florale Dekoration im ganzen Raum, der bestimmt nicht mehr als 50 Gästen Platz bietet. Nach knapp 30 Minuten Wartezeit dürfen wir auf der überdachten Terrasse Platz nehmen, es riecht nach Bienenwachs, grünem Tee und gekochtem Gemüse. An der Wand hängt ein Plakat *Naam Restaurant – Live Music, April* mit Namen und Stilrichtungen lokaler Musiker, die hier fast an jedem Tag ihre Kunst zum Besten geben. Heute soll ein Gitarrenduo spielen.

Aber wir sind ja wegen des Abendessens hergekommen und so beginnen wir mit der Vorspeise „Sesame Fries": von Hand geschnittene, ungeschälte Biokartoffeln in Sesamöl frittiert und mit Miso-Soße serviert. Ganz einfach aber außergewöhnlich wohlschmeckend. Den *Naam*-Salat, den ich danach von Marie probieren darf, ist ein wahres Gedicht: Kopfsalat, Tomaten, Gurken, Luzernensprossen, Rüben, extrem fein geschnittener, roter und grüner Kohl, Karotten, darüber Sonnenblumenkerne. Alles aus biologischem Anbau und angemacht mit einem der fünf Dressings, das in unserem Falle die grüne Salatsoße aus Petersilie, grünen Zwiebeln, Bio-Essig mit Sesampaste ist – selbstverständlich laktose- und glutenfrei.

Meine Portion „Asian Noodle Bowl" ist nicht weniger lecker: Eine Schüssel mit heißen Bio-Nudeln, Sojasprossen, Brokkoli, Paprika, japanischen Shiitake Pilzen, frittiertem Tofu und eingelegten Sojabohnen, alles in einer köstlichen Shiitake Pilz-Bouillon und mit Miso-Soße serviert. Unser Freund aus Québec hatte Recht. Die Gerichte sind wirklich sehr schmackhaft, würzig und appetitlich. Ein frisch gezapftes Bier einer lokalen Brauerei, das „Scandal Organic Lager", rundet unsere heutige vegetarische Erfahrung aufs Beste ab. Wir wissen schon jetzt, was wir uns beim nächsten Besuch in Vancouver bestellen werden! *www.thenaam.com*

Seasons in the Park
Im Verlauf unserer einwöchigen Entdeckungstour in Vancouver treffen wir im weitläufigen Queen Elizabeth Park, fast durch Zufall, auf ein gutes Restaurant mit exquisiter, internationaler Küche. Am Eingang rechts des Hauses steht auf einem Steinsockel eine Bronzeplakette, die meine Neugier weckt: während eines Gipfeltreffens im April 1993 speisten Bill Clinton und Boris Jelzin im „Seasons in the Park". Es kann demnach so schlecht nicht sein und wir treten ein durch die fast raumhohe Glastüre in das moderne Ambiente aktueller Holzarchitektur. Was uns sofort beeindruckt ist der fantastische Ausblick auf das frühlingshafte Vancouver von einem der höchsten Punkte der Stadt – atemberaubend. Aber es soll noch besser kommen.

Der Park, den wir in der Frühlingssonne zur Genüge bewandert haben, ist groß und dementsprechend auch unser Hunger. Wir bestellen uns eine Pizza und einen Salat mit Hähnchenstreifen, dazu den Hauswein – soweit nichts Besonderes. Als uns jedoch nach kurzer Wartezeit die Bedienung unser Mittagessen bringt, sind wir aufs äußerste überrascht: die Pizza, perfekt und fein belegt auf einem extra dünnen, super knusprigen Boden, die einer neapolitanischen alle

Ehre machen würde! Der Salat – knackig, bunt und frisch. Man hat den Eindruck, dass er vor wenigen Minuten geerntet wurde. Er ist mit Putenstreifen garniert, knusprig gebraten und schmackhaft wie selten zuvor! Auch der Weißwein dazu ist großartig. Wir schlemmen ausgiebig und sind abermals überrascht, wie man einfache Gerichte auf eine solch hervorragende Weise herstellen kann. Bill und Boris ging es bestimmt ebenso. *www.vancouverdine.com/seasons-park*

Ahornsirup – mehr als nur ein Süßstoff

Es gibt fast nichts, was man mit Ahornsirup nicht machen könnte: Schinken oder Wiener Würstel darin kochen, mit Butter vermengen und als Brotaufstrich verwenden, feine Plätzchen damit zaubern, Whisky oder auch Bier damit aromatisieren oder sich einen Lutscher damit drehen. Der „Süßstoff der Indianer", wie ich ihn getauft habe, ist in jedem kanadischen Haushalt ein Muss!

Ich erinnere mich noch genau, als ob es gestern gewesen wäre – es war wie ein Initiationsritual bei indigenen Völkern. Wir waren Ende März 2007 ganz frisch aus Deutschland nach Québec umgezogen und gerade einmal drei Tage in unserer neuen Heimat angekommen, da erhielten wir die Einladung zum Besuch einer „Cabane à sucre"! Ich hatte damals absolut keine Ahnung, was mich erwartet und Marie ermunterte mich: „Du wirst sehen, das ist lustig und es gibt ganz tolles Essen!" Also traf man sich mit sämtlichen Schwägerinnen und Schwagern, Neffen und Nichten samt der Großmutter in einer „Zuckerhütte". Sie wollten mir offenbar eine der wichtigsten Traditionen von Québec näher bringen. Das Wetter war wie bestellt, es war ein herrlicher Frühlingstag im April mit stahlblauem Himmel und ein laues Lüftchen wehte uns um die Nase.

Es lag noch Schnee, viel Schnee für meine Begriffe. Aber ich sollte bald verstehen, wozu er wichtig war und wozu er verwendet werden sollte. Erfreulicherweise – man hatte den ganzen Winter darauf gewartet – verwandelte sich der Schnee in der intensiven Frühlingssonne in seinen flüssigen Aggregatzustand, weshalb der Waldweg ziemlich matschig und von vielen Pfützen durchzogen war. Denn eine richtige „Zuckerhütte" liegt liegt nun einmal draußen im Wald, dort wo Ahornbäume in großer Zahl wachsen. In Kanada gibt es zehn einheimische Arten des Ahorns, die bevorzugt im Nord-Osten Kanadas und auch in den USA wachsen. Weltweit soll es fast 150 verschiedene Arten geben, jedoch nur der Zucker-Ahorn, botanisch „Acer saccharum" genannt, liefert ausreichende Mengen des begehrten Rohstoffs, aus dem der Sirup gemacht wird. Dieser Laubbaum wird bis 40 m hoch, bis 500 Jahre alt und seine im Herbst blutrot gefärbten Blätter sind sogar zum Staatssymbol von Kanada geworden. Jeder kennt sicher die kanadische Flagge. Der Zucker-Ahorn ist im Übrigen offizieller Staatsbaum bei den Nachbarn Québecs, den US-Bundesstaaten New York, Vermont, West-Virginia und Wisconsin. Alles Bundesstaaten, wo auch heute noch Ahornsirup produziert wird.

Ahornsirup – auf indianisch „sinzibuckwud"

Eine alte Legende erzählt, dass eine Indianerfrau der Irokesen einmal Wasser gekocht haben soll, das sie in einem hohlen Baumstamm vorfand. Durch Zufall war es ein Zucker-Ahorn. Beim Kochen nun stieg ein Dampf auf, der ein süßliches Aroma verströmte und als die darin gekochte Speise süß schmeckte, erkannte man den Zusammenhang. Die Indianer machten sich dies zunutze und hackten die Rinde der Bäume auf, um an den Saft zu gelangen. Mit heißen Steinen dampften sie dann den sehr dünnflüssigen Baumsaft ein und erhielten so den Sirup, den sie in der Algonkinsprache „sinzibuckwud" nannten. Das Rezept verbreitete sich schnell bei den Indianervölkern im Nordosten des nordamerikanischen Kontinents. Die ersten Kolonisten aus Europa lernten bald deren Technik und verfeinerten sie im Verlauf der Jahrzehnte.

Die Saison für die Ahornsafternte ist nur kurz, lediglich zwischen Anfang März und Ende April. Denn nur dann, wenn die Temperaturen nachts noch Minusgrade aufweisen, tags jedoch über dem Gefrierpunkt liegen, beginnen die Bäume die in den Wurzeln gespeicherten Nährstoffe in die Gipfel und damit in die Knospen der Baumkrone zu transportieren. Später im Jahr enthält der Saft zu viele Bitterstoffe, deswegen ist die Entsaftung nur im Frühjahr sinnvoll. Der Baumstamm wird angezapft, indem die Ahornbauern ein stabiles Metallröhrchen in das Holz einschlagen. Man entnimmt einen Teil des Saftes, ohne damit dem Baum besonderen Schaden zuzufügen. Das herausfließende, fast geschmacklose „Ahornwasser" wird dann mit an den Metallröhrchen aufgehängten Blecheimern aufgefangen, die der Ahornbauer in der Saison einmal pro Tag entleert (siehe Fotoseite 15). Nach der Saison wird das Röhrchen entfernt, die Wunde vernarbt und im darauffolgenden Jahr wird an anderer Stelle des Stammes Saft entnommen. Für einen Liter Ahornsirup werden im Durchschnitt 32 Liter Baumsaft benötigt, die ein Baum in rund zwei Wochen hervorbringt. Erst ab einem Alter von 40 Jahren oder einem Stammdurchmesser von mehr als 25 Zentimetern eignen sich Ahornbäume zur Safternte.

Früher geschah diese Ernte unter Zuhilfenahme von Pferdeschlitten, später dann mit dem Schneemobil. Man kann sich gut vorstellen, dass diese Arbeit in der frischen Frühlingsluft ganz hervorragend den Appetit anregt, wenn pro Tag etwa zwei- bis dreitausend Eimer – verteilt auf einem riesigen Terrain – entleert werden müssen. Das war der Grund dafür, sich besonders kalorienreiche und vor allem nahrhafte Gerichte auszudenken, die heute in den besagten „Cabane à sucre", zuweilen auch „Érabilière" (zu Deutsch etwa Ahornplantage) genannt, immer noch Einheimischen und besonders gerne Touristen serviert werden. Gleichzeitig feiert die Bevölkerung die Ankunft des Frühlings und man kann sich nach dem langen kanadischen Winter wieder im Freien aufhalten.

Die Zuckerhütte – gibt's nur in Kanada

Eine Zuckerhütte (Französisch „Cabane à sucre", Englisch „Sugar shack") ist erstens ein Gebäude, wo das abgezapfte Ahornwasser gesammelt wird und auf speziellen Holzöfen in großen Blechwannen eingekocht wird, um es bei einer Temperatur von 104° C durch Verdampfung in Sirup umzuwandeln (siehe Fotoseite 5). Von Weitem kann man sie schon an der ununterbrochen aufsteigenden, weißen Dampfsäule erkennen. Im Inneren der Hütte ist man gleich gefangen vom aromatischen Duft des gekochten Süßstoffes.

Zweitens ist es ein angeschlossenes Gasthaus mit einem Fassungsvermögen von 250 bis zuweilen 500 Gästen, ausgestattet mit langen Tischen und Bänken, was einem Kirmeszelt nicht unähnlich ist, das allerlei Attraktionen neben dem traditionellen Mittagstisch der Ahornbauern anbietet: Es gibt eine fachmännische Führung, wo man alles Wissenswerte rund um die Sirupherstellung erfährt, Kinder können sich Tretschlitten ausleihen; die Fahrt mit dem Pferdefuhrwerk ist ein Spaß für Jung und Alt; ein Laden mit einer unglaublichen Auswahl an Ahornprodukten steht frei zum Besuch und ein absolutes Muss ist „La tire sur la neige", wie es hier in Québec heißt: sich im frischen Schnee einen Ahorn-Lutscher drehen!

Natürlich darf Musik nicht fehlen und für mich als Musikkenner klingt es ganz deutlich heraus, dass die Ursprünge dieser Musik in Irland liegen, gespielt mit akustischer Gitarre und Violine, gesungen auf Französisch. Auch kann ich zu meiner großen Überraschung altbekannte Melodien bayrischer Blasmusik deutlich heraushören, als wir uns im Gastraum niederlassen und die Speisekarte studieren: Es gibt Erbsensuppe mit Karotten; in Ahornsirup gekochten Vorderschinken, dazu einen mehrere Finger dicken, aber luftigen Eierstich, genannt „Omelette au four"; Pellkartoffeln in Fleischbrühe; Bohneneintopf mit Ahornsirup abgeschmeckt; frisches Weißbrot mit Butter; frittierte, fein geschnittene Schweineschwarten, den „Oreilles de crisse", die hier etwas gotteslästerlich Christusohren (!!!) genannt werden; Weißkrautsalat sowie in Essig eingelegte rote Beete und ein mariniertes Zwiebel-Tomatengemisch, das die Québécois Ketchup nennen; zum Nachtisch frische Pfannkuchen, übergossen natürlich mit Ahornsirup! Groß auf der Speisekarte angemerkt, ist zu lesen: „Ce copieux repas est servi à volonté", was frei übersetzt etwa „Man kann lecker Essen bis der Arzt kommt." bedeutet!

Ich möchte nicht unerwähnt lassen, dass die von uns besuchte Zuckerhütte ihre Speisen wie früher auf Porzellangeschirr serviert. Denn bei Besuchen in anderen Etablissements habe ich in späteren Jahren einige Plätze entdecken müssen, wo „umweltfreundliches"

Wegwerfgeschirr verteilt wurde. Teller, Tassen, Becher und Besteck, alles war aus Plastik: die nahen USA lassen grüßen!

Nach diesem herrlichen Schmaus eilen wir nach draußen, denn dort warten schon lange, flache Holzkästen, die mit frischem Schnee befüllt sind. Eine Frau verteilt flache, an beiden Enden abgerundete Holzstäbchen, die mich gleich an meine Kindheit erinnern. Sie waren das Hilfsmittel bei ärztlichen Untersuchungen in der Schule, mit denen der Arzt die Zunge zurück drückte, um mir in den Rachen hineinzuschauen. Offenbar bin ich der Einzige, der die medizinische Bedeutung der Stäbchen kennt! Jedenfalls drängen sich die rund 250 Besucher, alle mit diesen Holzstäbchen bewaffnet, aufgeregt um die langen Holzkästen, als unser Ahornbauer mit einem teekannenähnlichen Gefäß herbeieilt, um in den Schnee der Holzkästen goldgelbe Spuren mit frisch eingedicktem Ahornsirup zu zeichnen. Da das Gefäß zwei Ausgüsse hat, geht es doppelt so schnell und die wartenden Schleckermäuler stecken ihr „Rachenholz" in den noch warmen Ahornsirup, der sich im Schnee schnell abkühlt. Dann dreht man mehrere Male das Stäbchen, um sich so die Sirupspur auf seinen Lollie zu ziehen, was auf Französisch eben „La tire sur la neige", etwa „Sirup-ziehen-im-Schnee" heißt (siehe Fotoseite 15)! Ich probiere es auch gleich, es klappt wunderbar und schmeckt noch besser. Im ersten Moment ist es unglaublich süß und es folgt ein etwas bitterer Beigeschmack, der gerade nur so stark ist, dass er nicht stört. Gewöhnungsbedürftig aber gut und ich drehe mir noch mehrere Lollies. Herz, was willst du mehr! Die Sonne lacht, die Atmosphäre mit vielen gut gelaunten Leuten ist berauschend, meine neue Familie ist sehr aufmerksam und der Ahornsirup mundet ausgezeichnet.

Der Nachbar Vermont, wo rund 5 Prozent der Weltproduktion hergestellt werden, gilt in den USA als Hochburg des Ahornsirups. In Kanada ist jedoch die Provinz Québec der absolute Platzhirsch: 91 Prozent der kanadischen Produktion und stolze 75 Prozent der weltweiten Produktion werden jedes Jahr in und nahe der Provinz Québec erwirtschaftet, der Export im Jahr 2015 beziffert sich auf 145 Millionen kanadische Dollar. Diese erstaunliche Menge lässt sich natürlich lange nicht erreichen, wenn man Pferdeschlitten benutzen und die Eimer von Hand leeren muss.

Ahornsirup in Zahlen

Die Produktion des „süßen Goldes" hat aus diesem Grund heutzutage industrielle Ausmaße angenommen. Eine aktuelle Nachrichtensendung von Radio Canada hat im März 2015 das kleine Städtchen Saint-Athanase im Landkreis von Témiscouata, das an der Südgrenze zu Neubraunschweig liegt, zur Hauptstadt der Ahornsiruperzeugung erhoben. Mit 33 Betrieben und knapp 700.000 Bäumen stellt die Gemeinde stattliche 2 Prozent der Gesamtproduktion Québecs her. Eine Statistik aus dem Jahr 1980 zählte noch 14 Millionen „Ahornsaft-Zapfstellen" in der ganzen Provinz von Québec. Im Jahre 2006 ergab die Zählung schon 34,7 Millionen. Heute – im Erscheinungsjahr dieses Buches – sind es dagegen über 43 Millionen Bäume, die Jahr für Jahr angezapft werden. Diese Zahl verteilt sich folgendermaßen: der Großteil, also rund 6.100 Betriebe, arbeiten im Durchschnitt mit 3.000 bis 5.000 Bäumen, 307 Betriebe arbeiten mit etwa 10.000 bis 17.000 Bäumen und weitere 202 Betriebe arbeiten durchschnittlich mit 20.000 bis 26.000 Bäumen, denen Saft abgenommen wird. Vier Fünftel der genutzten Ahornbäume stehen auf staatlichem Grund, der überwiegende Rest auf den Ländereien und eigenen Grundstücken der Ahornbauern. Hinzu kommen zurzeit noch 320 Gastronomiebetriebe in Québec, die ausschließlich das weiter oben beschriebene, traditionelle Ahornbauern-Menü servieren und Ahornsirup nur in kleinem Stil herstellen sowie eine unbekannte Zahl von Hobby-Ahornbauern, die für den Hausgebrauch in geringer Menge das süße Nass erzeugen.

Die Safternte ist inzwischen automatisiert: die oben genannten, in den Baumstamm eingeschlagenen Metallröhrchen werden heutzutage mit hellblauen Kunststoff-Schläuchen verbunden und zu Pumpstationen geleitet. Man kann in den kultivierten Ahornregionen oft die „Minipipelines" im Wald sehen, die das Unterholz in dichten, blauen Netzen durchziehen. Das gesammelte Ahornwasser wird danach weiter in große Einkochwannen aus Edelstahl befördert, die in großen Zweckbauten untergebracht sind und vollautomatisch befeuert die Temperatur konstant auf 104° Celsius halten. Dort wird dann der Zuckergehalt automatisch gemessen und von einer Wanne in die nächste überführt, bis der Sirup einen Zuckergehalt von etwa 60 % aufweist.

Durch das Kochen karamellisiert der Zucker und gibt dem Sirup einen Teil seines charakteristischen Aromas.

Zur Sicherung der Qualität hat man in Kanada offiziell fünf verschiedene Qualitätsstufen eingeführt, um damit den Süßigkeitsgrad sowie den Geschmack zu definieren: Stufe 1 von Extra Hell über Hell, Medium, Amber (Bernsteinfarben) bis Stufe 5 für Dunkel, die sich jeweils in der Lichtdurchlässigkeit, aber vor allem im Geschmack unterscheiden. Diese Qualitätsstufen wurden erst vor Kurzem gesetzlich novelliert. Zuvor gab es die fünf Stufen AA, A, B, C und D, die jedoch soweit missverstanden wurden, als der Konsument glaubte, die Qualitätsstufe D sei minderwertiger als die Stufe A, was überhaupt nicht der Fall ist. Man kann jedenfalls grundsätzlich sagen: je heller der Ahornsirup ist, desto feiner und milder ist sein Geschmack.

Erstaunlich, was man mit Ahornsirup alles machen kann

Ganz im Gegensatz zu den zahlreichen, auf dem Markt befindlichen Süßstoffen und Sirups ist der Ahornsirup ein hundertprozentiges und unraffiniertes Naturprodukt. Bei der Raffination werden unerwünschte oder wichtige Begleitstoffe aus einem Rohprodukt entfernt. Ahornsirup behält im Verlauf der Umwandlung hingegen alle Vitamine und Nährstoffe des Baumsaftes und bildet damit einen wichtigen Teil der täglichen Ernährung. Er ist eine ausgezeichnete Quelle von Kalzium, dem Wachstumsvitamin B2 sowie von Mangan, Zink und Kalium.

Den Darreichungsformen des nationalen Süßstoffes in Kanada sind nahezu keine Grenzen gesetzt. In den Lebensmittelmärkten und natürlich in Spezialgeschäften sind allerlei Produkte zu finden. Es gibt Ahornzuckerbonbons, hart in der Beschaffenheit, etwa so wie Hustenbonbons aber auch Butterbonbons aus Ahornsirup, die ganz weich sind, etwa so wie Karamellbonbons. Neben dem allgegenwärtigen Sirup in Reinform kann man auch Ahornzucker erstehen. Es ist ein Granulat, das aus dem Sirup hergestellt wird. Man findet Eiskreme, meist Vanille oder Kaffeegeschmack mit darin fein verteiltem Granulat, die dem Eisvergnügen eine knusperige Komponente verleihen und Ahornkekse, die oft in der Silhouette eines Ahornblattes angeboten werden. Sogenanntes „Pain de sucre d'érable", zu Deutsch Ahornzuckerbrot, ist ein zu einem ganzen Block wachsweich getrockneter Laib. Er wird mit der Käsereibe über die Speisen gerieben oder in feinen Scheibchen gereicht.

Eine Vielzahl an Nachspeisen, die entweder Ahornsirup enthalten, wie ein Napfkuchen oder die mit Ahornsirup übergossen werden, wie Pfannenkuchen oder die beliebten armen Ritter, die in Québec „Pain Doré" heißen, sind weit verbreitet.

Als Brotaufstrich gibt es allerlei Mischungen: Ahornbutter, die eine cremige Konsistenz aufweist, gut streichbar ist und herrlich schmeckt. Manche Ahornbuttersorten beinhalten einige Bröckchen Ahornzuckergranulat, die das Ganze „crunchy" machen, andere werden mit weiteren Zutaten, wie Beeren aller Art, hergestellt. Eine leckere Mischung ist auch Ahornsirup mit Cranberries – ein süß-saurer Brotaufstrich, etwa mit Himbeermarmelade vergleichbar, nur ohne die lästigen Kernchen. Es gibt sogar mit Ahornsirup aromatisierten schwarzen oder grünen Tee und auch einige Kaffeesorten sind zu haben. Als Pendant zum bayrischen süßen Senf werden hier einige Senfsorten mit Ahornsirup hergestellt und man kann auch Essig, verfeinert mit Ahornsirup, oder deliziöse Marinaden in den Geschäften vorfinden.

Nicht nur in den Zuckerhütten sondern in anderen Restaurants kann man leckere Gerichte auf Basis des Ahornsirups bekommen. Der neueste Hit sind sogenannte „Ahornperlen" in kaviarartiger Beschaffenheit. Sie werden als Speise-Garnitur, in Cocktails, als kleine Vorspeise oder zu Desserts verwendet. Beim Kauen springen im Mund die Perlen auf und ergießen ihr süßes Nass auf das Geschmacksorgan.

Mit Ahornsirup aromatisiertes Bier schmeckt ganz ausgezeichnet. Es ist nur leicht süßlich und als Liebhaber eines zünftigen „Radlers" oder „Alsterwassers" ist es zu meiner Lieblingssorte geworden. Es hat Einzug in viele der sogenannten „Microbrasserien" gehalten. Das sind kleine, sehr experimentierfreudige Brauereibetriebe, denen ein Bierlokal angeschlossen ist und deren Produktion direkt an Ort und Stelle von den Gästen „vernichtet" wird.

Wir haben aber bei uns in Kanada noch viel mehr alkoholische Getränke, die mit Ahornsirup aromatisiert oder einfach damit gemischt sind. Die zurzeit bekannteste Whiskey-Marke heißt „Sortilège" (zu Deutsch etwa Verzauberung, Zauberspruch oder auch

Magie). Vergleichbar mit dem weltberühmten Sahnelikör Bailey's gibt es den „Sortilège Crème", eine perfekte Mischung aus hundertprozentig purem Ahornsirup, frischer Sahne und altem, kanadischem Whiskey. Ich habe ihn schon probiert, einfach großartig. Eine weitere Marke nennt sich vielsagend „Coureur des Bois" (zu Deutsch: Waldläufer oder Trapper), die sowohl Whiskey als auch Sahnelikör anbietet. Der aus dem gleichen Hause stammende Ahorn-Cidre gewann im Übrigen 2011 und 2014 den großen Publikumspreis in Gold. Nicht zu vergessen gibt es Ahornlikör, Ahornschnaps, Ahornwodka, Ahornwein und sogar prickelnden Ahornsekt. Er wird in einem besonderen Gärungsverfahren aus 100 % reinem Ahornwasser hergestellt.

Kaum zu glauben, aber auch in der Körperpflege hat das Ahorn-Aroma seinen Einzug gehalten. Es gibt derzeit eine komplette Pflegeserie, die ein darauf spezialisiertes Haus anbietet, wie feine Körperlotion, Gesichts- und Handcremes, Lippenbalsam, Massageöl, Duschgel, Schaumbadezusätze und aromatisches Badesalz. Um diese Serie zu komplettieren gibt es auch Duftkerzen und Zusätze für Luftzerstäuber im Angebot.

So ist es keineswegs verwunderlich, dass in Québec pro Kopf 685 ml Ahornsirup pro Jahr konsumiert werden – laut einer Statistik von 2013. Im übrigen Kanada liegt der Verbrauch lediglich bei 109 ml, was immer noch hoch ist im Vergleich zu den übrigen westlichen Ländern, wo der Pro-Kopf-Verbrauch nur noch bei 13 ml liegt!

Mein Tipp: den günstigsten Preis von rund 9 bis 10 Dollar für eine Dose Ahornsirup, standardisiert in 540 Milliliter-Dosen abgefüllt, bezahlt man im gängigen Supermarkt in ganz Kanada. Natürlich sind dann nicht charmant etikettierte Glasflaschen oder Behältnisse in Form eines Ahornblattes inbegriffen. Ohne Zweifel kann man so aber saftige Aufschläge von rund hundert und mehr Prozent am Flughafenkiosk oder im Ahornshop vermeiden.

Und das gibts auch – die Ahornsirup-Mafia

Zum Schluss noch eine Anekdote aus Québec, die ich sowohl auf der Webseite des National Public Radio in Washington/USA als auch auf der Webseite *LaPresse.ca* fand: Ende August 2012 wurde bekannt, dass zwischen den Monaten August 2011 und Juli 2012 eine Diebesbande rund 3.000 Tonnen (!) Ahornsirup aus einem unbewachten Lagerhaus in Saint-Louis-de-Blandford, einem kleinen Städtchen unweit von Québec, entwendet hatte. Sie füllten dazu den eingelagerten Sirup mit Hilfe von Gartenschläuchen in eigene Gefäße um. Um das Abzapfen zu vertuschen, wurden die gelagerten Holzfässer mit Wasser wieder aufgefüllt. Der Diebstahl wurde erst bei einer Routinekontrolle des Lagers entdeckt, welches der québecker Ahornbauerngenossenschaft „Fédération des producteurs acéricoles du Québec" gehört. Die Diebe hatten vergessen, einige Fässer mit Wasser aufzufüllen und ein Kontrolleur stieß mit dem Fuß versehentlich daran.

Drei Verdächtige wurden bis zum Dezember 2012 festgenommen und dabei etwas mehr als zwei Drittel des Beuteguts sichergestellt. Der Sirup im Wert von über 18 Millionen Dollar sollte auf dem Schwarzmarkt verkauft werden. Bis September des darauffolgenden Jahres wurden insgesamt 23 Beteiligte festgenommen. Die Behörden gehen davon aus, dass sie mittlerweile alle Mitglieder der als Ahornsirup-Mafia „maple-syrup mob" bezeichneten Bande ermittelt haben. Große Teile der Beute wurden bei verschiedenen Unternehmen der Lebensmittelindustrie in Québec wieder gefunden. Alle gaben jedoch an, in gutem Glauben gehandelt zu haben, als sie das wesentlich günstigere Diebesgut zum Kauf angeboten bekamen. „Wer's glaubt, wird selig!"

Oft falsch verstanden – Trinkgeld in Kanada

Nicht nur in Kanada gelten, was das Trinkgeld in den Restaurants anbelangt, andere Regeln als in den allermeisten europäischen Ländern und darüber hinaus auf dem ganzen nordamerikanischen Kontinent.

In fast allen europäischen Ländern ist das Trinkgeld im Gaststättengewerbe eine zusätzliche und freiwillige Gabe des Gastes als seine Bekundung, dass er mit der Bedienung, den Speisen und dem Ambiente, also rundum mit der kompletten Dienstleistung im Restaurant zufrieden war. Es gibt keinerlei Anhaltspunkte über die Höhe eines freiwilligen Betrages, man kann nur sagen: je höher, desto zufriedener war der Gast. Außerdem ist in Deutschland, Österreich, der Schweiz sowie in Italien und Spanien das so genannte Bedienungsgeld in den Preisen bereits enthalten. Wenn man nun über den Atlantik in die Neue Welt reist, sollte man die dort herrschenden Gepflogenheiten in Bezug auf das Trinkgeld etwas genauer kennen, um nicht ins Fettnäpfchen zu treten.

Trinkgeld in Kanada ist mehr als eine Anerkennung

In Restaurants in Kanada und auch in den Vereinigten Staaten ist das Trinkgeld ein ganz wesentlicher Bestandteil des Gehaltes geworden und keineswegs eine freiwillige Gabe. Aus traditioneller britischer Höflichkeit wird aber kein Mensch jemals das Trinkgeld direkt verlangen, es wird stillschweigend vom Bedienungspersonal erwartet. Denn in der Gastronomie wird meist nur der gesetzlich festgelegte Mindestlohn bezahlt, der seit dem 1. Mai 2015 zwischen 8,90 und 9,05 Dollar pro Stunde betragen darf. Für die übrige arbeitende Bevölkerung gilt ein gesetzlicher Mindestlohn von 10,55 Dollar pro Stunde Arbeitszeit.

Aus diesem Grunde sollte man grundsätzlich auf den Endbetrag jeder Rechnung mindestens 15 Prozent als Trinkgeld (auf Französisch „Pourboire" und auf Englisch „Tip" genannt) hinzurechnen. Wer nach einem guten Essen zum Rechnen keine Zeit oder auch keine Lust hat, kann einfach die beiden Beträge der lokalen Umsatzsteuern TPS und TVQ addieren, das sind seit dem 1. Januar 2014 genau 14,975 Prozent. TPS steht für „La taxe sur les produits et services" und die Abkürzung TVQ für „La taxe de vente du Québec". Selbstredend ist aber auch hier ein höherer Trinkgeldbetrag immer willkommen. Seit geraumer Zeit ist es in Kanada Mode, in Schnellrestaurants, Selbstbedienungskaffees, Bäckereien und Eisdielen eine Tasse, ein Trinkglas oder Töpfchen an der Kasse aufzustellen mit der Aufschrift „Merci" oder „Thank you". Dezent liegen einige Cents am Grunde des Gefäßes und der Kunde darf gerne sein Wechselgeld hineinwerfen.

Im Zuge des bargeldlosen Zahlungsverkehrs konnte ich mittlerweile beobachten, dass bei den digitalen Terminals für die Zahlung per Girokonto- oder Kreditkarte eine Möglichkeit eingebaut worden ist, das Trinkgeld als Betrag oder als prozentualen Wert hinzuzufügen. Québec ist eine stark frequentierte Stadt und eine Provinz mit Touristen aus aller Herren Länder. Man hatte wohl bemerkt, dass die Besucher sehr häufig die lokalen Gewohnheiten nicht kannten, wie das mit dem Trinkgeld zu handhaben ist.

Freundlichkeit ist kein Fremdwort

Aus diesem Grunde wird man bei einem Aufenthalt in Québec sowie im gesamten übrigen Kanada des Öfteren feststellen, dass das Bedienungspersonal in den Restaurants in der Regel ausgesprochen aufmerksam, höflich und zuvorkommend zu seinen Gästen ist. Respekt und Höflichkeit gegenüber den Mitmenschen sind darüber hinaus auch ein guter Teil der kanadischen und nordamerikanischen Mentalität. Da man in Deutschland, Österreich und der Schweiz bekanntermaßen nicht all zu sehr von Nettigkeiten bei Serviceleistungen verwöhnt ist, wird man als Besucher aus diesen Ländern dies sicher als sehr angenehm empfinden. Ich habe mich inzwischen daran gewöhnt – und ganz ehrlich, Höflichkeit kann auch ansteckend sein!

Adressen

Bed & Breakfast – B & B in …

Vancouver - günstig und zentral gelegen
Maple House Bed & Breakfast
1533, Maple Street, Vancouver (BC) V6J 3S2
Telefon: 1-604-739-5833

Kelowna – herrlicher Seeblick, feines Guesthouse
A Okanagan Lakeview B&B
5251, Chute Lake Road, Kelowna (BC) V1W 4R9
Telefon: 1-250-764-8152 (Ralf & Michelle)

Banff – zentral in ruhiger Seitenstraße gelegen
Mountain Home Bed & Breakfast
129, Muskrat Street, Banff (AB) T1L 1A4
Telefon: 1-403-762-3889 (Lynne & Ecki)

Calgary – in nettem Wohnviertel, 10 Minuten zu Fuß von Downtown
River Lee und River Wyne Bed & Breakfast
218, 10A-Street-Northwest, Calgary (AB) T2N 1W6
Telefon: 1-403-270-8448 (Deanne & Diana)

Niagara Falls – traditionelles B&B, Inhaber sind Franko-Kanadier
Blue Gables B&B
4305, Simcoe Street, Niagara Falls (ON) L2E 1T5
Telefon: 1-905-356-6836 (Yvette & Joe)

Kingston – sehr feines Haus 10 Minuten zu Fuß von Downtown
Hochelaga Inn B&B
24, Sydenham Street South, Kingston (ON) K7L 3G9
Telefon: 1-613-549-5534

Beim Sandbanks Nationalpark – nette Familien-Lodges direkt am See
Isaiah Tubbs Resort
1642, County Road 12, Picton (ON) K0K 2T0
Telefon: 1-613-393-2090

Montréal – in herrlichem Patrizierhaus sehr zentral gelegen
B&B le Gîte
3619, rue de Bullion, Montréal (QC) H2X 3A2
Telefon: 1-514-849-4567 (Diane oder Frédéric)

Shawinigan – elaboriertes Frühstück, zentrale Lage, tolle Aussicht
Gîte La Maison Sous Les Arbres B&B
1002, Avenue Hemlock, Shawinigan (QC) G9N 1S8
Telefon: 1-819-537-6413 (Catherine & Jacques)

Québec – in ruhiger Seitenstraße gelegen, 10 Min. Bus zur Altstadt
Acacias – bed & breakfast
1336, rue Marie Rollet, Québec (QC) G1S 2H2
Telefon: 1-418-681-6651 (Marc & Marie)

Trois-Rivières – inmitten der kleinen Altstadt gelegen
Auberge Gîte Le Fleurvil' B&B
635, rue des Ursulines, Trois-Rivières (QC) G9A 5B3
Telefon: 1-819-372-5195 (Yves)

Baie-St-Paul – 4-Sterne B&B mit eigenem Swimmingpool
La Chambre des Maîtres
109, rue Sainte-Anne, Baie-Saint-Paul (QC) G3Z 1N9
Telefon: 1-418-435-3059 (Philippe & Delphine)

Thadoussac – Walbeobachtungen inklusive
Maison Hovington
285, rue des Pionniers, Tadoussac (QC) G0T 2A0
Telefon: 1-418-235-4466 (Lise & Paulin Hovington)

Gîte du Goéland B&B
261, rue de l'Hôtel de Ville, Tadoussac (QC) G0T 2A0
Telefon: 1-418-235-4474 (Lilas Lamontagne)

Gîte aux Sentiers du Fjord
148, Coupe de l'Islet, Tadoussac (QC) G0T 2A0
Telefon: 1-418-235-4934 (Myriam Therrien) od. 1-418-922-5143

Chicouttimi – zentrale Lage, nettes Ambiente, junge Leute

Auberge La Villa au Pignon Vert B&B
491, rue Jacques-Cartier Est, Chicoutimi (QC) G7H 1Z9
Telefon: 1-418-545-0257

Rimouski/Le Bic – fantasievolle Zimmer, fantastisches Restaurant

Auberge du Mange Grenouille
148, rue Sainte-Cécile, Rimouski (QC) G0L 1B0
Telefon: 1-418-736-5656 (Carole & Jean)

Matane – Traditionshaus kurz vor der Ortsmitte

Auberge la Seigneurie B&B
621, Avenue St-Jérôme, Matane (QC) G4W 3B9
Telefon: 1-418-562-0021 (Marie-Eve)

Restaurants in …

Percé

Restaurant La Maison du Pêcheur
155, place du Quai, Percé (Québec) G0C 2L0
Telefon: 1-418-782-5331
Juni bis Mitte Oktober, tägl. 11.30 bis 14.30 und 17.30 bis 21.30 Uhr

Rimouski (Le Bic)

Auberge du Mange Grenouille
148, rue Sainte-Cécile, Le Bic (Québec) G0L 1B0
Telefon: 1-418-736-5656 oder gebührenfrei 1-844-736-5656
Von Anfang Mai bis Mitte Oktober, täglich von 8.30 bis 22.30 Uhr

Auf der Insel l'Île d'Orléans

Les Ancêtres – Auberge & Restaurant
391, avenue Royal, Saint-Pierre, L'Île d'Orléans (Québec) G0A 4E0
Telefon: 1-418-828-2248
Öffnungszeiten: Von Anfang Mai bis Mitte Oktober, mittwochs bis
sonntags von 10.00 bis 14.00 Uhr sowie ab 17.00 Uhr

Québec-Stadt

Laurie Raphaël
117, rue Dalhousie, Québec (Québec) G1K 9C8
Telefon: 1-418-692-4555
Öffnungszeiten: Das ganze Jahr über geöffnet, dienstags bis freitags
von 11.30 bis 14.00 Uhr Mittagstisch, dienstags bis samstags von
18.00 bis 22.00 Uhr Dinner

Restaurant La Girolle
1384, chemin Sainte-Foy, Québec (Québec) G1S 2N6
Telefon: 1-418-527-4141
Öffnungszeiten: Das ganze Jahr über geöffnet von 11.30 bis 14.00 und
von 17.30 bis 22.00 Uhr, montags Ruhetag

Restaurant L'Échaudé
73, rue du Sault au Matelot, Québec (Québec) G1K 8B9
Telefon: 1-418-692-1299
Öffnungszeiten: Das ganze Jahr über geöffnet, montags bis freitags
von 11.30 bis 14.30 Uhr, täglich von 17.30 bis 22.00 Uhr, samstags
und sonntags ab 10.00 Uhr

Montréal

Schwartz's
3895, boulevard Saint-Laurent, Montréal (Québec) H2W-1X9
Telefon: 1-514-842-4813
Öffnungszeiten: Das ganze Jahr über geöffnet von montags bis don-
nerstags und sonntags von 8.00 bis 0.30 Uhr, freitags von 8.00 bis 1.30
Uhr und samstags von 8.00 bis 2.30 Uhr

Restaurant Laloux
250, avenue des Pins Est, Montréal (Québec) H2W 1P3
Telefon: 1-514-287-9127
Öffnungszeiten: Das ganze Jahr über geöffnet montags bis freitags von
11.45 bis 14.30 Uhr, sonntags bis donnerstags von 17.30 bis 22.30 Uhr
und freitags u. samstags von 17.30 bis 23.30 Uhr

Kingston

Casa Domenico
35, Brock Street, Kingston (Ontario) K7L 1R7
Telefon: 1-613-542-0870
Öffnungszeiten: Das ganze Jahr über geöffnet von montags bis donnerstags von 11.30 bis 22.30 Uhr, freitags sowie samstags von 11.30 bis
23.30 Uhr sowie sonntags von 12.00 bis 22.00 Uhr

Bloomfield (Prince Edward County – Ontario)

Bistro im Agrarian cheese-market
275, Main Street, Bloomfield (Ontario) K0K 1G0
Telefon: 1-613-393-0111
Öffnungszeiten: Das ganze Jahr von montags bis donnerstags von
11.30 bis 14.30 Uhr und von 17.00 bis 20.00 Uhr, freitags sowie samstags von 10.00 bis 20.30 Uhr sowie sonntags von 10.00 bis 20.00 Uhr

Wellington (Prince Edward County – Ontario)

East & Main Bistro
270, Wellington Main Street, Wellington (Ontario) K0K 3L0
Telefon: 1-613-399-5420
Öffnungszeiten: Das ganze Jahr über geöffnet, mittwochs bis sonntags
von 12.00 bis 14.30 Uhr und von 17.30 bis 21.00 Uhr

Niagara-on-the-Lake

Peller Estates Winery
290, John Street East, Niagara-on-the-Lake (Ontario) L0S 1J0
Telefon: 1-905-468-4678
Öffnungszeiten: Restaurant – täglich 12.00 bis 15.00 Uhr und 17.30
bis 20.30 Uhr. Weingut – montags bis donnerstags und sonntags 10.00
bis 19.00 Uhr, freitags und samstags 10.00 bis 21.00 Uhr

Ottawa

The Fish Market Restaurant
54, York Street (Byward Market) Ottawa (Ontario) K1N 5T1
Telefon: 1-613-241-3474
Öffnungszeiten: Täglich ab 11.00 Uhr, sonntags bis donnerstags bis
22.00 Uhr, freitags und samstags bis 23.00 Uhr

Calgary

Ristorante Pulcinella
1147, Kensington Crescent NW, Calgary (Alberta) T2N 1X7
Telefon: 1-403-283-1166 Öffnungszeiten: Täglich geöffnet, montags
bis donnerstags von 11.30 bis 22.00 Uhr, freitags und samstags bis
24.00 Uhr und sonntags bis 22.00 Uhr

Banff

The Grizzly House
207, Banff Avenue, Banff (Alberta) T1L 1B4
Telefon: 1-403-762-4055
Öffnungszeiten: Täglich geöffnet, montags bis sonntags von 11.30 bis
24.00 Uhr

Kelowna

Summerhill Sunset Organic Bistro
4870, Chute Lake Road, Kelowna (British Columbia) V1W 4M3
Telefon: 1- 250-764-8000 oder gebührenfrei 1-800-667-3538
Öffnungszeiten: Täglich geöffnet, montags bis sonntags von 11.00 bis
14.00 Lunch, von 14.00 bis 17.00 Menü in der Weinbar und von 17.00
bis 21.00 Uhr zum Dinner

Quail's Gate Winery
3303, Boucherie Road, West Kelowna (British Columbia) V1Z 2H3
Telefon: 1-250-769-4451 oder gebührenfrei 1-800-420-9463
Öffnungszeiten: Täglich geöffnet, montags bis sonntags von 11.00 bis
14.30 Lunch, von 14.30 bis 17.00 Menü in der Weinbar und von 17.00
bis 21.00 Uhr zum Dinner. Der Weinshop ist nur vom 1. Mai bis 6.
September geöffnet.

Vancouver
The Naam Restaurant
2724, West 4th Avenue, Vancouver (British Columbia) V6K 1R1
Telefon: 1-604-738-7151
Öffnungszeiten: Täglich 24 Stunden geöffnet, montags bis sonntags von 0.00 bis 24.00 Uhr, keine Tischreservierung möglich. Einziger Ruhetag ist der 1. Weihnachtsfeiertag!

Seasons in the Park
Im Queen Elizabeth Park, West 33rd Avenue at Cambie Street, Vancouver (BC) V5Y 2M4
Telefon: 1-604-874-8008
Täglich geöffnet, montags bis samstags ab 11.30 Uhr, sonntags ab 10.30 Uhr

Reise zum Prince Edward County

Les Cèdres
J'M Mon Bistro
166, chemin St-Feréol, Québec (Québec) J7T 1J7
Telefon: 1-450-452-288

Isaiah Tubbs Resort am West Lake
Restaurant On The Knoll
1642, County Road 12, Picton (Ontario) K0K 2T0
Telefon: 1-613-393-2090

Bloomfield
Bistro im *Agrarian Cheese Market*
275, Main Street W, Bloomfield (Ontario) K0K 1G0
Telefon: 1-613-393-1348

Wellington
East & Main Bistro – fine Restaurant
270, Main Street, Wellington (Ontario) K0K 3L0
Telefon: 1-613-399-5420

Picton

Miss Lily's Café im Laden von Books & Company
289, Main Street, Picton (Ontario) K0K 2T0
Telefon: 1-613-476-3037

Morrisburg

Upper Canada Village
13740, County Road 2, Morrisburg (Ontario) K0C 1X0
Telefon: 1-613-537-2024

Kingston

Casa Domenico – Fine Italian Dining in Downtown Kingston
35, Brock Street, Kingston (Ontario) K7L 1R7
Telefon: 1-613-542-0870

Hochelaga Inn – B&B nahe dem Stadtzentrum in historischem
Gebäude mit Atmosphäre
24 Sydenham St. South, Kingston (Ontario) K7L 3G9
Telefon: 1-613-549-5534

Schifffahrt zu *1000 Islands*
Buchung bei *Kingston 1000 Islands Cruises* im Besucherzentrum am
Hafen
1, Brock Street, Kingston (Ontario) K7L 1A2
Telefon: 1-613-549-5544
Öffnungszeiten: Montag 09:00-17:00

Montréal

Übernachten in in herrlichem Patrizierhaus sehr zentral
B&B le Gîte
3619, rue de Bullion, Montréal (QC) H2X 3A2
Telefon: 1-514-849-4567 (Diane oder Frédéric)

Jano Grillades – Restaurant mit portugiesischer Küche
3883, boulevard St-Laurent, Montréal (QC) H2W 1X9
Telefon: 1-514-849-0646

Café Cherrier – Französisches Restaurant & Café
3635, rue Saint-Denis, Montréal (QC) H2X 3L6
Telefon: 1-514-843-4308

Reise in die Rocky Mountains: Calgary, Banff, Kelowna und Hope

Calgary
River Lee und River Wyne Bed & Breakfast,
218, 10A Street Northwest, Calgary (AB) T2N 1W6
Telefon: 1-403-270-8448 (Deanne & Diana)

Wake Bistro
207, 10th Street Northwest, Calgary (AB) T2N 1V5
Telefon: 1-403-264-4425

Ristorante Pulcinella
1147, Kensington Crescent Northwest, Calgary (AB) T2N 1X7
Telefon: 1-403-283-1166

Banff
Mountain Home Bed & Breakfast
129, Muskrat Street, Banff (AB) T1L 1A4
Telefon: 1-403-762-3889 (Lynne & Ecki)

Grizzly House Restaurant
207, Banff Avenue, Banff (AB) T1L 1B4
Telefon: 1-403-762-4055

El Toro Restaurant
429, Banff Avenue, Banff (AB) T1L 1B4
Telefon: 1-403-762-2520

Kelowna
A Okanagan Lakeview B&B
5251, Chute Lake Road, Kelowna (BC) V1W 4R9
Telefon: 1-250-764-8152 (Ralf & Michelle)

The Crispy Coyote Restaurant
(Neuer Chef, umbenannt in *Kettle Valley Plates Restaurant*)
100 - 5305, Main Street, Kelowna (BC) V1W 4V3
Telefon: 1-778-477-5665

Bohemian Cafe & Catering Company
524, Bernard Avenue, Kelowna (BC) V1Y 6P1
Telefon: 1-250-862-3517

Summerhill Sunset Organic Bistro
(Restaurant der Summerhill Pyramid Winery)
4870, Chute Lake Road, Kelowna (BC) V1W 4M3
Telefon: 1-250-764-8000

Quail's Gate Winery – Weindegustation
3303, Boucherie Road, West Kelowna (BC) V1Z 2H3
Telefon: 1-250-769-4451

Mt. Boucherie Estate Winery – Weindegustation
829, Douglas Road, West Kelowna (BC) V1Z 1N9
Telefon: 1-250-769-8803

Summerhill Pyramid Winery – Weindegustation
4870, Chute Lake Road, Kelowna (BC) V1W 4M3
Telefon: 1-250-764-8000

Hope

The Blue House – Mittagstisch
322, Wallace Street, Hope (BC) V0X 1L0
Telefon: 1-604-869-0729

Chronologischer Ablauf aller Etappen der Auswanderung

März 2005 – Entscheidungsfindung zur Auswanderung nach Québec in der Kategorie „family class" und Beginn des Studiums des umfangreichen Formularwesens im Internet sowie Kündigung diverser Verträge

August 2006 – Antrag auf „Dauerhafte Aufenthaltserlaubnis" sowie „Antrag auf Bürgschaft" durch meine kanadische Freundin, Gebühren: 975 Euro plus Übersetzungen und Kopien

September 2006 – Schreiben der kanadischen Botschaft in Berlin mit Genehmigung des Antrags auf „Bürgschaft"

November 2006 – Gesundheitsuntersuchung beim zugelassenen Amtsarzt in München

Dezember 2006 – Schreiben der kanadischen Botschaft Berlin mit Anforderung einer zusätzlichen Gesundheitsuntersuchung meiner beiden Kinder aus erster Ehe

28. März 2007 – Abreise nach Kanada

Mai 2007 – Erhalt des Schreibens der kanadischen Botschaft Berlin: meine Gesundheitsuntersuchung ist nicht mehr gültig, da länger als 6 Monate zurückliegend – falsche Gebührenzahlung, Rücküberweisung sowie Neuanforderung des richtigen Betrages

Mai 2007 – Erneute Gesundheitsuntersuchung in Québec-Stadt

Juni 2007 – Erhalt des Schreibens der kanadischen Einwanderungsbehörde in Missisauga über Erhalt der Zahlung und Weiterleitung an die Behörde für die „Dauerhafte Aufenthaltserlaubnis"

Juli 2007 – Schreiben der kanadischen Botschaft Berlin zur Anforderung meines deutschen Reisepasses inklusive Vorauszahlung der Hin- und Rücksendung per internationalem Kurierdienst

2. August 2007 – Schreiben der kanadischen Botschaft Berlin: Rücksendung meines deutschen Reisepasses inklusive Visum, gültig bis 11. Januar 2008. Aufforderung zur offiziellen Einreise nach Kanada an einem „Port of Entry"

15. August 2007 – Fahrt von Québec-Stadt nach Armstrong (Grenze zu den USA) zur offiziellen Einreise nach Kanada, Erhalt meiner „Dauerhaften Aufenthaltserlaubnis"

Oktober 2007 – Erhalt meiner „Résidence permanent" (Dauerhafte Aufenthaltserlaubnis) und meiner kanadischen Sozialversicherungs-Nummer per Post

Januar 2008 – Sprachkursus für Französisch an der Universität Laval in Québec-Stadt, 14 Wochen von Montag bis Freitag von 8.30 bis 15.00 Uhr

Dezember 2010 – Schriftkursus Französisch an der Universität Laval in Québec-Stadt, 7 Wochen von Montag bis Freitag von 8.30 bis 12.30 Uhr

24. März 2011 – Antrag auf die kanadische Staatsbürgerschaft mit 8-seitigem Formular, Gebühren 200 Dollar plus Passfotos

Juni 2011 – Überprüfung der Bearbeitungsdauer meines Antrages auf kanadische Staatsbürgerschaft auf der Internetseite der kanadischen Einwanderungsbehörde. Resultat: Dauer insgesamt 19 Monate, noch bis Dezember 2013

Juli 2012 – Antrag auf Verlängerung meiner bestehenden „dauerhaften Aufenthaltserlaubnis", da Ablauf bereits im Oktober 2012, Gebühren 60 Dollar

Oktober 2012 – Schreiben mit Einladung der kanadischen Einwanderungsbehörde nach Montréal zur persönlichen Überreichung meiner neuen Karte „Dauerhafte Aufenthaltserlaubnis"

November 2012 – Überprüfung der Bearbeitungsdauer auf der Internetseite der kanadischen Einwanderungsbehörde meines Antrages auf kanadische Staatsbürgerschaft. Resultat: Dauer insgesamt 24 Monate, noch bis März 2014

Januar 2013 – Einladung der kanadischen Einwanderungsbehörde nach Montréal zur Überprüfung aller Unterlagen im Original. Ab einem Alter von 55 Jahren ist kein Examen zur Prüfung der Sprachkenntnisse erforderlich!

25. Februar 2013 – Einladung der kanadischen Einwanderungsbehörde nach Montréal zur Ablegung des feierlichen Eides und Überreichung der Urkunde

13. März 2013 – Feierliche Zeremonie zum Ablegen des feierlichen Eides in Montréal, 9.00 Uhr

18. März 2013 – Antrag auf einen kanadischen Reisepass in Québec-Stadt, Gebühren 20 Dollar

23. März 2013 – Mein kanadischer Reisepass kommt per Post, endlich!

Quellennachweis

Eigene Recherchen des Autors vor Ort sowie:
CITQ (Corporation de l'industrie touristique du Québec) · City of Vancouver, British Columbia · City of Calgary, Alberta · City of Toronto, Ontario · City of Ottawa, Ontario · Radio Canada, Nachrichtenkanal · Festival International de Québec · La famille Marie, Johanne, Carole, Lucy & Pierre Simard · Daniel Gélinas, Québec · Internetseite Saint-Anastase, Québec · Citadelle, coopérative de producteurs de sirop d'érable · Ordre des ingénieurs forestiers du Québec · Ministère de la faune du Canada · Ministère d'Immigration de Québec · Ministère de Revenue du Québec · Gouvernement du Québec · Gouvernement du Canada · Gabriele Musil, Architektin, München · Héritage de Maéli, L'île d'Orléans · Domaine Pinnacle inc., Frelighsburg, Québec · Domaine LABRANCHE, Saint-Isidore, Québec · La Maison des Futailles, Boucherville, Québec · gesundheit.de · National Public Radio NPR, USA · guiderestos.com · montrealgazette.com · Lena Heinen,

Duisburg · Tourism Eastern Townships · Town of Banff, Alberta · Bernard Assiniwi „Lexique des noms indiens du Canada" · tourismewendake.ca · Jean-Pierre Tanguay, Lévis · Byward-Market, Ottawa · Tourism Kingston · Stammtisch Allemand de Québec · Statistique Canada, Division de la démographie · Hans-Jürgen Hübner: Deutsche in Kanada · Ville de Montréal · Ville de Québec · Wikipedia.org

Über den Autor

Marc Lautenbacher, geboren 1956 in Stuttgart, wuchs in einer Familie auf, in der alles Kreative schon immer eine wichtige Rolle gespielt hat – seien es Malerei, Fotografie, Literatur oder Musik. Sein Vater war einer der bekanntesten Modefotografen Deutschlands, der Ende der 60er Jahre den Berufsverband für Fotografen BFF ins Leben rief.

An der Merz-Akademie in Stuttgart studierte Lautenbacher Grafik-Design, arbeitete beim Vater als Assistent und sammelte im Anschluss daran als Artdirektor und Fotograf Erfahrungen in mehreren Werbeagenturen, bevor er 1988 in München seine eigene gründete. Viele Kunden schenkten ihm als Chefredakteur für eine Reihe von Kundenmagazinen lange Jahre ihr Vertrauen.

Schließlich verlegte er im Frühjahr 2007 seinen ständigen Wohnsitz nach Québec im Osten Kanadas, wo er heute zusammen mit seiner kanadischen Lebenspartnerin Marie Simard lebt. Er ist freier Autor und Fotodesigner und betreibt zusammen mit Marie eine Bed & Breakfast-Pension in Québec-Stadt. Zudem ist er im Rahmen des von ihm geleiteten deutsch-französischen Stammtisches (*stammtisch-allemand-quebec.blogspot.ca*) Anlaufstelle für Besucher aus deutschsprachigen Ländern.

Der Autor interviewt Max Gros-Louis

Historischer Handelsposten

Ganz Québec verkleidet sich:
Fête de la Nouvelle France

Parlamentsgebäude in Ottawa

Denkmal für die Québec-Konferenzen 1943 und 1944

Grand Hotel in Tadoussac

Waschbär im Winterspeck

Jährliches Powwow in Wendake

3

Sitz der BNP Paribas in Montréal

Marc & Marie auf Dampfschifffahrt, Kingston

Das Restaurant Mange Grenouille

Wahrzeichen von Montréal:
das Olympiastadion von 1976

Die Niagara-Fälle auf der kanadischen Seite

Hummer à la Québécois

Banff und sein Hausberg Cascade Mountain

Festival d' été, Québec

Zeitreise: Kleidung wie vor 100 Jahren

Holzofen zum Eindampfen von Ahornsirup

False Creek mit Segelhafen in Vancouver

Ursulinenkloster in der Altstadt von Trois-Rivières

6

Mitten im Stadtpark:
Achtung Koyoten, Haustiere anleinen!

Liegt an der Spitze der Gaspésie
Halbinsel: Nationalpark Forrillion

Spezialität im Frühling: gekochte Farnspitzen

Show im Aquarium Vancouver

Montréal: ehemaliges Rathaus und Markthalle

Parlamentsbibliothek, Ottawa

UNESCO-Welterbe: Altstadt von Québec

Schwarzbär am Cap Tormente

Das Centre Vidéotron in Québec

Max Gros-Louis, Häuptling der Wendake

Sie kommen zu Tausenden: Schneegänse im Frühjahr

Vorfrühling in den Plaines von Alberta

Magisch: fahrerlose U-Bahn in Vancouver

Hafen von Picton, Prince Edward County

Feines Viertel des 19. Jahrhunderts in Montréal

Wie in der Karibik: Sandbanks Provincial Park am Lake Ontario

1

Ultramodernes Kongresszentrum in Rimouski

euchtturm am Sankt-Lorenz-Strom

Hirschkuh in den Rockies, direkt am Straßenrand

Das „Tessin" von Kanada: Weinberge bei Kelowna

Herbstfarben im Nationalpark Jacques-Cartier

Chinatown, Vancouver

Haida-Kunst, British Columbia

.3 Typisches Landhaus in Ostkanada

chneeskulpturen in Québec

Bow River im Banff National Park

arnevalstreiben bei minus 20 Grad, Québec

Winter in Québec: Auch der Sankt-Lorenz friert fast zu

Robson Street, Vancouver

Wachablösung, Zitadelle von Québec

5

... schmecken immer lecker

Ernte von Ahornsaft mit Blecheimern

Ahornsirup auf Schnee: Lollies zum Selberdrehen ...

Stadtzentrum von Toronto mit Eaton Center

Imbisskultur bei Schwartz's in Montréal

Ungewöhnliche ...

...Verkehrszeichen ...

... die man kennen sollte

Das Gästehaus des Autors in Québec

Der Autor als frischgebackener Kanadier